ÉLOGE DE LA RELIGION

Paul Valadier

Éloge de la religion

SALVATOR

Yves Briend Éditeur, SA
103 rue Notre-Dame-des-Champs F-75006 Paris
www.editions-salvator.com
contact@editions-salvator.com

Maquette intérieure : Atlant'Communication
Couverture : Isabelle de Senilhes

ISBN : 978-2-7067-2266-0

Ouverture

FAUT-il défendre la religion ou les religions ? Jadis, une branche de la théologie, l'apologétique, était largement valorisée et estimée fondamentale, car elle avait pour but de démontrer en quoi le christianisme, puisqu'il s'agissait essentiellement de lui, voire surtout le catholicisme, pouvait relever d'une démarche rationnelle, donc qu'il n'était en aucune façon un obscurantisme ou un dogmatisme sans fondement. L'apologétique constituait ainsi une sorte de préalable ou une porte d'entrée à la dogmatique et à l'exégèse, donc aux traditions chrétiennes et catholiques. Des noms illustres qui ont consacré des œuvres importantes à l'apologétique, pourraient être évoqués autant chez les Pères de l'Église (Irénée ou Tertullien) que chez les philosophes (Maurice Blondel à la fin du XIXe siècle) ou les théologiens (Hans Urs von Balthasar ou Karl Rahner au XXe siècle).

Mais plus fondamentalement, on peut défendre le phénomène religieux, la religion comme telle, indépendamment de ses traductions historiques en

« cultes » différenciés ou en « révélations » historiques diverses (judaïsme, christianisme, islam, hindouisme...) : la religion en tant qu'attitude devant le divin ou l'Absolu, quel que soit le nom qu'on lui donne, relève-t-elle d'une démarche essentielle à la nature humaine ou n'est-elle qu'une strate historique qui doit disparaître ou s'atténuer avec l'« évolution » de l'espèce humaine et le progrès des savoirs ? Appartient-elle à une phase « dépassée » de l'humanité ou lui est-elle consubstantielle, malgré toutes les variations que connaît l'histoire des sociétés ? Est-elle une façon de se rapporter au réel et de le vivre qui fortifie le sens de l'existence et alimente le goût de la vie ?

Ces questions peuvent paraître de nos jours bien abstraites et finalement assez vaines. Les religions font largement parler d'elles, et pas toujours en très bons termes. Loin d'avoir disparu ou d'être mourantes, elles donnent plutôt des signes d'une vitalité inquiétante quand elles prennent la forme de fondamentalismes radicaux ou quand elles se veulent combattantes des « mécréants » (*kuffar)* ou des apostats. Le cas effrayant, voire répugnant, des talibans en Afghanistan, qui imposent leur version de l'islam par le crime et la terreur, rejaillit malheureusement sur le phénomène religieux dans son ensemble, en jetant le doute sur la bonne foi des croyants, quelle que soit leur confession : sont-ils aussi pacifiques qu'ils le prétendent ? D'ailleurs, l'indifférence massive dans les sociétés dites développées, ou prétendues telles, coexiste fort bien avec des extrémismes religieux vigoureux, conquérants, mobilisateurs, et pas seulement dans des couches de populations marginalisées ou peu éduquées... Le phénomène de sécularisation, quoique très discuté, ne semble pas avoir vaincu de manière décisive l'appel aux religions, de la part de bien de nos contemporains, et sans doute encore moins l'attrait pour des spiritualités vagues et indéterminées. Dès lors, qu'en est-il de ce phénomène religieux persistant : crispations maladives, phénomènes marginaux et passagers, menaces réelles sur les démocraties jugées relativistes et décadentes, ou expression inéluctable, donc indépassable chez les êtres humains ? Les sondages ne parlent-ils pas désormais de « croyants non religieux » ? Croyants, mais à quoi ?

Une échappatoire, surtout au sein des courants chrétiens, consiste à distinguer, voire à opposer la religion et la foi. La première, pense-t-on, serait lourde d'ambiguïtés redoutables et menaçantes pour les libertés et plus largement pour les sociétés, tandis que la foi, personnelle, intérieure, ouverte au divin dans sa pureté, ne prétendrait ni s'imposer, ni prendre forme visible dans des institutions (Églises par exemple), toujours tentées, elles, par le désir de dominer, de s'imposer ou de s'identifier à la Vérité, se prévalant d'un privilège exclusif sur la Révélation (ou les révélations divines). L'une menacerait les sociétés de son emprise et constituerait à la limite une trahison du culte qu'elle prétend rendre à l'Absolu ou à la Divinité, l'autre caractériserait une démarche éminemment personnelle et donc respectable, sans prétendre embrigader qui que ce soit dans ses rangs. Cette opposition, qu'on pourrait déceler dans la célèbre distinction avancée par Péguy, la chute de la mystique (la foi) en politique (les religions), a fait le succès des thèses libérales en théologie, particulièrement dans les mondes protestants, mais elle a des attraits tels qu'elle en séduit beaucoup hors de ces sphères-là. Il est possible que la crise moderniste, avec Renan et Loisy, qui a ébranlé fortement le catholicisme au début du XXe siècle, ait à sa façon donné quelque crédit à cette distinction : la religion avec ses dogmes et sa hiérarchie ne serait peut-être qu'une construction arbitraire que les sciences historiques, sociologiques, anthropologiques sont capables de dénoncer, de « déconstruire », selon une formule vague mais à la mode, ou pour le moins de relativiser.

C'est à cette distinction qu'on s'attachera surtout dans ces pages : d'une part, nous tâcherons de savoir de quelle validité conceptuelle elle jouit ; d'autre part, nous nous demanderons si une « foi » sans appui sur une religion garde quelque consistance ou si elle ne s'évanouit pas dans une nuit où toutes les vaches sont grises, pour parodier Hegel ; autrement dit, nous nous interrogerons pour savoir si, plus grave, son subjectivisme ne peut pas être complice des pires manipulations ou des plus inquiétantes violences. Questions nullement abstraites ou secondaires, tant il est devenu courant d'affirmer qu'on peut tout à fait vivre authentiquement une spiritualité sans encadrement ni appui sur une religion constituée, qu'on appelle cette spiritualité « laïque » ou strictement personnelle. On pourrait donc se passer – et il faudrait même se passer – des religions constituées, non seulement par une foi personnelle, mais par une spiritualité largement à distance de ce qu'on tient habituellement pour la sphère religieuse. Une telle spiritualité que certains nomment « laïque » serait donc non seulement sans allégeance à une religion constituée, mais même sans « foi » en un Absolu défini et reconnu comme tel.

On se propose donc d'examiner au chapitre 1 les critiques adressées aux religions instituées, ou du moins de reprendre les accusations qui nous semblent les plus fondées, puis de s'interroger au chapitre 2 sur ce que signifierait en réalité l'absence de toute adhésion religieuse ou l'effacement dans les esprits de toute recherche d'un absolu ou du divin (athéisme), afin d'en venir, au chapitre 3, à une discussion concernant l'opposition ou la distinction entre foi (personnelle) et religion (collective).

Ce qui nous conduira au chapitre 4 à l'examen de certaines spécificités du catholicisme, en tant que religion structurée et spécifique au sein d'autres traditions religieuses, que ledit catholicisme, surtout postconciliaire (Vatican II, 1962-1965), a appris à respecter et à estimer comme voies possibles vers Dieu. Mais on ne manquera pas aussi de proposer au chapitre 5 quelques questions pendantes, graves, actuelles, qui obligent toute religion à sa propre réforme, en tout cas à un regard critique sur elle-même : *semper reformanda.* Car si la « foi seule » est loin d'être aussi pure qu'elle le prétend, la « religion » non plus n'est pas sans de préoccupantes lourdeurs ! *Simul peccator et justus*, comme le disait justement Luther. Il reste entendu que notre attention se porte essentiellement sur le catholicisme (dit romain), essentiellement par souci de méthode, car on ne peut tout embrasser d'un seul regard. Mais ce qui vaut en ce cas pourrait sans doute être étendu à d'autres confessions religieuses.

Aussi bien ne s'agit-il pas de « défendre » la religion, qui d'ailleurs, quand on l'entend bien, sait se défendre toute seule. On aura plutôt l'audace d'en faire l'éloge : la religion propose à l'humanité des voies de salut, de bonheur, de paix et de coexistence ; elle offre des trésors de sagesse qui, bien appropriés (ils ne le sont pas toujours), ouvrent les possibilités d'une vie commune entre personnes, peuples et cultures, tout autant sinon plus que les « valeurs républicaines », si souvent évoquées sans doute parce que personne ne sait au juste à quoi elles engagent. Mais rien ne se construit de durable sur le flou ni sur l'à-peu-près.

1

Mauvaise réputation

Apparemment, rien de nouveau sous le soleil : la critique des religions a été de tout temps, évidemment sous des formes et avec des argumentaires variés. Platon, pour ne retenir que cet exemple significatif, se méfiait déjà des récits mythologiques lourds de pratiques immorales et scandaleuses dont il conviendrait, selon lui, de dispenser les enfants, voire même de passer sous silence. Et l'on pourrait allonger la liste des attaques plus ou moins virulentes qu'a connues l'histoire. Elle permettrait d'ailleurs de mettre à mal le cliché selon lequel les sociétés traditionnelles, donc prémodernes, auraient été entièrement dominées par la sphère religieuse, dans l'une ou l'autre version de ce que Marcel Gauchet imagine être une « religion première » ou primitive, laquelle n'a sans doute existé que dans des esprits obligés de s'appuyer sur cette hypothèse pour étayer la thèse d'une progressive « sortie de la religion »[1]. D'ailleurs, dans la Grèce ancienne, les divinités n'avaient guère le souci d'intervenir dans les affaires humaines et de donner les lois de la cité aux « mortels » ou aux « éphémères » ; elles vivaient dans un empyrée qui ressemblait certes beaucoup à la vie d'ici-bas, mais leurs existences ne concernaient en fait que leurs relations entre elles, la plupart du temps plutôt orageuses. C'est le destin qui aveuglait les mortels, pour leur cacher un sort peu enviable, et un tel destin anonyme avait rarement un lien avec les dieux. Tout le tragique ancien reposait sur ce déchirement inéluctable qui traverse nécessairement la vie des hommes, non sur une quelconque imitation des dieux.

Malgré ces réserves qu'il conviendrait sans doute de mieux fonder, on s'attachera dans ce chapitre à montrer que la mauvaise réputation des religions trouve des fondements dans l'immédiate actualité, même si une critique philosophique tout à fait fondamentale, à laquelle nous nous intéresserons, persiste sous des formes diverses et toujours renouvelées.

1. Marcel GAUCHET, *Le désenchantement du monde. Une histoire politique de la religion* (1985), Gallimard, coll. « Folio Essais » n° 466, Paris, 2005.

Accablante actualité

Il est sans doute difficile évidemment de tenir à une distinction tranchée entre formes actuelles et objections anciennes. Par exemple, l'assimilation entre religions et violences n'est pas nouvelle, qu'il s'agisse de violences institutionnelles (domination sur les esprits, intolérance[1], emprise sur les mœurs et sur la vie sociale et politique) ou de violences provoquées par les luttes intestines dont les guerres de religion au sein du christianisme, à la Renaissance, ont été une triste illustration. Et de tels épisodes sanguinaires ont évidemment fortement marqué les mémoires au point de poser une sorte d'équivalence entre religion (ici religions chrétiennes, protestantismes et catholicisme) et déchirements sociaux.

Or, une telle mémoire est comme alimentée de nouveau par l'actualité mondiale ; on ne peut que rappeler ce qui est dans la mémoire de tous : les horreurs perpétrées par les djihadistes au nom de l'islam ou la guerre civile cruelle entre musulmans qu'a connue l'Algérie dans les années 1990

1. Actualité de la critique par exemple chez Martha C. NUSSBAUM (*Les religions face à l'intolérance. Vaincre la politique de la peur*, Climats, Paris, 2013) qui ne fait guère dans la nuance ; elle s'en prend d'ailleurs surtout aux musulmans (plus qu'à l'islam, car il ne faut pas poser « la question de la vérité religieuse » p. 228 !). Grande insistance sur la situation aux États-Unis.

et suivantes. Les attentats terroristes commis chez nous par des islamistes aux cris de « Allah Akbar » suffisent à dénoncer les complicités de ces crimes odieux avec l'islam, source revendiquée dans de tels gestes criminels. Mais si notre attention en Occident est particulièrement marquée par ces crimes, on ne peut pas oublier les violences, les contraintes administratives de toutes sortes, les discriminations diverses perpétrées au nom de l'hindouisme par un gouvernement indien dûment élu et réélu, politiques menées soit contre les musulmans, soit contre des chrétiens ou de nombreuses minorités. La politique du Premier ministre Narendrabhai Damodardas Modi s'appuie explicitement sur l'*Hindutva*, que certains voudraient faire passer pour une simple bigoterie, mais qui nourrit de fait un nationalisme extrême et induit des pratiques discriminatoires et violentes, notamment – mais pas seulement – dans le Cachemire administré par l'Inde. Cet hindouisme radical affiche déjà un bilan impressionnant d'exactions de toutes sortes. Le bouddhisme, qu'une vulgate complaisante présente en Occident comme une sagesse pacifique, connaît lui aussi ses extrémistes comme on l'a vu avec le quasi-génocide des Rohingyas au Mianmar (Birmanie) ; cette même religion soutient un régime militaire plus que répressif dans ce même pays, hostile à la démocratie comme on l'a vu avec le coup d'État de février 2021 et la féroce répression contre des manifestants pacifiques.

Du côté chrétien, la violence relève plutôt chez certains évangéliques de l'envoûtement et de l'emprise émotionnelle qui excitent des foules exaltées (au Brésil par exemple), mais ne va pas non plus sans influences politiques tout à fait nocives sur un personnel politique extrémiste (les présidents George W. Bush et surtout Donald Trump aux États-Unis, ou Jaïr Bolsonaro au Brésil). On ne peut oublier l'influence de ces groupes évangéliques pour inciter le président George W. Bush à intervenir en Irak (2013), provoquant un chaos sans fin dans toute une région qui n'avait guère besoin de ces coups de boutoir déstabilisants, faussement justifiés par le mensonge (armement « massif » jamais découvert pourtant!) et par la couverture idéologique évoquant, comme finalité à l'invasion, l'établissement de la démocratie. Mais l'inspiration venait bel et bien de conseillers évangéliques, qui poussaient à de telles actions et en apportaient des justifications idéologiques, prétendument chrétiennes et religieuses. Et nous savons que c'est avec l'appui des évangéliques que des hommes comme Trump ou Bolsonaro ont été élus, dans l'oubli étrange chez des protestants de la distinction entre César et Dieu, donc au mépris de ces Écritures qui devraient être leur seule référence, selon le slogan de la *Sola Scriptura*… De fait, les Écritures comptent moins finalement à leurs yeux que la passion du pouvoir, le désir d'encadrer les foules, ou un prosélytisme sans scrupules.

Mais du côté chrétien encore, dans l'Église catholique en particulier, la révélation d'abus sexuels contribue aussi, et gravement, à la suspicion envers la religion. Une Église qui se prétend sainte, qui porte avec elle un Évangile d'amour du prochain, donc de son respect, s'avère aussi être le lieu de crimes venant souvent de ses propres religieux ou prêtres, ce qui aggrave encore le scandale[1]. Comment dès lors faire confiance non seulement à ses représentants, mais à son message lui-même ? Et celui-ci, dans sa noblesse, ne risque-t-il pas de prêter le flanc à toutes les emprises affectives, puisqu'au nom de ce message d'amour, certains sont tentés d'abuser de leur pouvoir pour violer ou forcer des libertés ? Ainsi en fut-il avec le slogan de l'« amitié

1. Les révélations consignées dans le rapport de la CIASE (Commission indépendante sur les abus sexuels dans l'Église), rendues publiques le 5 octobre 2021, ont constitué un choc sans précédent dans l'Église catholique de France. Cette commission, qui a travaillé sur ce texte pendant plusieurs mois, avait été formellement voulue par la Conférence des évêques et la Conférence des religieux et religieuses de France ; elle a enquêté en toute indépendance, selon ses propres dires. Elle propose des « recommandations » qui devront être progressivement mises en œuvre, ouvrant ainsi une tâche délicate pour l'ensemble de la communauté catholique.

d'amour», conceptualisé par le dominicain Marie-Dominique Philippe, et au nom duquel ce dernier a commis et justifié plusieurs crimes.

Justifications illusoires

On objectera à cette présentation trop succincte qu'il s'agit là de dérives extrémistes et qu'elles ne sont nullement représentatives des grandes traditions religieuses sur lesquelles elles s'appuieraient indûment. On expliquera qu'il faut distinguer par exemple du fanatique le musulman ordinaire qui tient à mener tranquillement et pacifiquement sa vie, ce qui serait vrai également pour le plus grand nombre des adeptes des religions ici évoquées[1] ; tout protestant n'est pas un «évangélique» du genre de ceux évoqués à l'instant, et si l'on voulait se livrer à des statistiques, on découvrirait évidemment que les fanatiques ne représentent qu'une infime minorité, marginale par rapport aux croyants «ordinaires». On dira encore, dans le cas de l'Église catholique, que les abus ne sont pas nouveaux, qu'en d'autres époques ces méfaits criminels étaient tus, cachés,

1. On trouvera un grand nombre de documents intéressants dans ce livre publié par la Conférence des évêques de France : *L'Église catholique et les relations avec les musulmans*, Bayard/Mame/Cerf, Paris, 2021.

donc méconnus ou sous-estimés. Il n'en reste pas moins qu'on ne peut minimiser des phénomènes psychologiques, sociaux et politiques massifs au nom de tels arguments, ou encore que nos sensibilités contemporaines et notre sens de la justice ne peuvent plus supporter le silence ou la complicité tacite. Le fait est que leur retentissement et leurs effets sur les populations aboutissent à une déconsidération massive envers les religions quelles qu'elles soient.

De plus, les crimes commis au nom de l'une d'entre elles rejaillissent sur toutes les autres aux yeux de l'opinion publique. Quand bien même des chrétiens sont massacrés par des fanatiques musulmans, l'« opinion publique » ne retient que ce constat : la violence est bel et bien de nature religieuse et croit pouvoir se légitimer en invoquant un texte dit sacré, le Coran ou les paroles d'un prophète, ou la Bible elle-même[1]. Quand bien même l'Église a nourri et nourrit encore en son sein des figures remarquables

1. Pour preuve, entre bien d'autres, ce propos péremptoire, dans *Libération* du 28 décembre 2020, de Patrick Sabatier, directeur adjoint de la rédaction : « La foi, de tout temps et en tous lieux, a été le vecteur privilégié de ce que Voltaire qualifiait à l'article "fanatisme" de son *Dictionnaire philosophique* de "peste des âmes", [...] peste dont toutes les religions ne meurent pas, mais qui toutes les affectent, ou les a affectées, comme l'islam aujourd'hui » (titre de l'article : « À gauche, la guerre des religions a bien lieu »). L'auteur défend « une République laïque intransigeante », ce qui ne manque pas d'inquiéter sur les risques de fanatisme républicain !

de dévouement ou d'audace apostolique, les figures grimaçantes et répugnantes l'emportent et renvoient à l'exceptionnalité ceux qui sont d'authentiques témoins de leur foi[1]. En conséquence, on voit renaître le vieux thème d'une identification entre religion et violence, même si l'on concède que le fidèle « ordinaire » reste éloigné de ces excès. Encore qu'ici à nouveau l'adhésion au djihadisme, par exemple, s'est largement faite chez de jeunes musulmans sans histoire, tout à coup fanatisés par les réseaux sociaux ou par l'incitation à agir pour défendre l'islam, de la part de coreligionnaires soupçonnant les premiers d'une mollesse coupable.

Ainsi, la mauvaise réputation redonne vie à un argument antireligieux classique selon lequel les religions ne sont qu'irrationalisme, déraison et folie. Comment, en effet, débattre raisonnablement avec un djihadiste ou un évangélique, l'un et l'autre sûrs d'eux-mêmes et imperméables à la discussion ? Ils sont persuadés d'agir selon des injonctions divines qui les dispensent de toute justification, au nom de l'obéissance religieuse. On peut même aller jusqu'à dire

1. On se gardera de donner des noms, tant des personnes louées hautement ont pu être tout à coup accusées de turpitudes criminelles. Cela peut même arriver à des « saints » canonisés hâtivement ou sous des pressions de lobbies trop pressés d'imposer leur idole. Canonisations qui ne contribuent guère à leur façon à créditer le discernement de la part des autorités romaines.

que, aux yeux de certains d'entre eux, on témoigne déjà de son infidélité à chercher à justifier les ordres de la divinité ; ceux-ci sont à accepter comme tels, sans interprétation, ni contextualisation, ni justification rationnelle. Ce serait témérité coupable et, à la limite, blasphème insupportable que d'interroger des ordres (prétendument) révélés. Et dans l'Église, certes les abus doivent être condamnés sans concession, ils relèvent de la justice, et même si la compassion pour les victimes comme pour les coupables, qui sont souvent d'anciennes victimes, s'impose, il n'en reste pas moins que des dégâts considérables ont été faits sur des personnes blessées à jamais. Comment dès lors s'étonner que les vieux thèmes de l'obscurantisme religieux et de l'hypocrisie ecclésiastique trouvent un regain de jeunesse, et non sans justification[1] ?

Indifférence religieuse

La mauvaise réputation peut entretenir aussi des attitudes moins radicales en justifiant la méfiance envers les religions. Se méfier veut dire ici qu'on prend ses distances envers toute croyance religieuse

1. On doit noter aussi que beaucoup ont reconnu le courage de l'Église catholique qui a su se soumettre à une enquête sérieuse, acceptant ainsi des vérités scandaleuses publiquement dévoilées.

et toute pratique cultuelle. Si cette réputation ne conduit pas nécessairement à l'athéisme (on y reviendra), elle conforte «l'indifférence religieuse» qui est sans doute une attitude dominante de nos jours, du moins en Occident où il est possible de s'afficher loin des religions sans grand risque; et ceci à la différence des pays musulmans où les jeunes générations, dit-on, s'éloignent silencieusement d'un islam massivement imposé et rigoureux. Ce serait particulièrement le cas en Iran où le cléricalisme chiite au pouvoir est de plus en plus mal supporté, pour dire le moins. Mais dans nos pays, c'est plutôt par méfiance qu'on se retire de toute adhésion religieuse, même si l'on garde par-devers soi quelques «sentiments» religieux, ou si l'on reste ému par le sort des monuments porteurs de nos traditions, comme on l'a vu au moment de l'incendie de la cathédrale Notre-Dame de Paris le 15 avril 2019. Pleurs ou émotions sans lendemains qui manifestent à leur façon une distance prise par rapport à un catholicisme effectivement vécu, mais en même temps de l'attachement à un patrimoine national[1].

1. L'intervention du président de la République, le 16 avril au soir, ne mentionnant pas que le culte dans la cathédrale était catholique et ne citant jamais le nom de l'archevêque qui venait de perdre son siège, est caractéristique d'un embaumement purement patrimonial d'un monument religieux. On s'interroge : aveuglement, ignorance, mépris, grossièreté ?

En réalité, l'indifférence religieuse ne se nourrit pas seulement de méfiance et de retrait à l'égard des pratiques et des croyances. Elle porte avec elle une absence d'intérêt pour la chose religieuse ; on ne voit pas ou plus le sens d'une démarche religieuse[1]. Or l'indifférent n'est pas indifférent à tout. Il a des intérêts. Il aime son conjoint, ses enfants, sa profession, voire même sa patrie. Mais le monde religieux lui reste opaque, hermétique, vide ; il ne suscite en lui aucun attrait, sinon archéologique ou patrimonial, car, après tout, les religions font partie de l'histoire, particulièrement de celle de l'Europe, même s'il convient, si l'on veut être « politiquement correct », de minimiser l'importance des sources chrétiennes de cette civilisation, ainsi qu'on l'a vu dans un débat pas si lointain, et par bien des côtés assez ubuesques, à propos d'un projet, plus ou moins avorté, de Constitution européenne.

On n'oubliera pas pourtant que toute forme d'indifférence n'est pas suspecte. Après tout, il est

1. Avec une subtile délicatesse, le poète Philippe Jaccottet (1925-2021) exprime assez bien une forme d'indifférence inquiète : « Peut-être ne pouvons-nous plus maintenant nommer Dieu [...] ; infiniment éloignés de la source et remplis de méfiance à l'égard des fades images qu'on nous en donne, si nous cherchons honnêtement des yeux ce qui reste d'elle, nous n'en trouvons que des reflets fugaces ; et du tonnerre du Sinaï, nous n'entendons plus qu'un murmure intermittent » (*La promenade sous les arbres*, in *Œuvres*, Gallimard, coll. « Pléiade », Paris, 2014, p. 129). Un « murmure », mais pas la Parole.

impossible de s'intéresser à tout ; on peut légitimement rester de marbre devant la musique contemporaine ou une compétition de rugby. Il est à peine besoin d'insister sur le fait qu'il est même bon de se désintéresser de certains domaines, parce qu'on ne peut pas se passionner également pour tout. Mais il est aussi une bonne indifférence, celle qu'ont proposée certaines traditions mystiques. Ainsi, Ignace de Loyola recommande dans ses *Exercices spirituels* de ne pas s'attacher indûment à certaines réalités qui, absolutisées, pourraient entraver la vocation humaine qui consiste à « louer, révérer et servir Dieu notre Seigneur » (*Principe et fondement*). Il ne faut pas plus vouloir la santé que la maladie, la richesse que la pauvreté, mais les assumer, si elles se produisent, comme des moyens de vivre chrétiennement dans l'action de grâce. Ignace engage donc l'exercitant à cultiver ce qu'on appellera une juste indifférence. C'est dire aussi que, devenues des absolus, les réalités évoquées à l'instant peuvent détourner de Dieu, et donc devenir des idoles. En ce sens, l'indifférence religieuse, dominante sans doute de nos jours, loin de l'indifférence ignacienne, peut fort bien coexister avec l'idolâtrie : celle de l'argent, du sexe, du Parti, de la nation. Ce que Nietzsche appelle la « volonté de croyance », ou la « volonté de vérité à tout prix », donc à n'importe quel prix.

N'importe quel prix, en effet, ce qui veut dire qu'on est prêt à toutes sortes de sacrifices pour satisfaire son idole, voire même disposé à sacrifier sa vie pour elle (militantisme inconsidéré, addiction au sexe, à la drogue ou à son métier, aux jeux d'argent, nationalisme fanatique, etc.). L'indifférence religieuse peut aussi être compatible avec l'idolâtrie : on ne s'intéresse pas à Dieu ou au divin, mais on ordonne toute sa vie autour d'un autre absolu ; en son nom, on adopte cette même attitude qu'on reproche aux croyants des religions : le sacrifice de soi, la certitude d'être dans le vrai, le sentiment de la valeur de ce qui est ainsi poursuivi, avec l'unilatéralisme qui s'ensuit. À cet égard, on a même pu parler d'une « religion de la laïcité » quand celle-ci devient un nouveau fanatisme, à vrai dire une idolâtrie, attitude qui met à mal le respect des convictions d'autrui, par exemple quand on invoque un prétendu « droit au blasphème ». On justifie alors le mépris d'autrui et de ses convictions dans un esprit opposé à un éthos démocratique qui, par principe, suppose le respect de l'autre, ou cette « amitié » entre citoyens qu'exaltait déjà Aristote.

Dans un essai vigoureux et bien informé[1], Adrien Candiard avance la thèse selon laquelle le fanatisme

1. Adrien CANDIARD, *Du fanatisme*, Cerf, Paris, 2020. Voir aussi Amos Oz, *Chers fanatiques. Trois réflexions*, Gallimard, Paris, 2016. Ce romancier israélien s'en prend au judaïsme halakhique en particulier.

djihadiste ne doit pas être expliqué par un excès d'adhésion religieuse, mais tout au contraire par un manque de sens de Dieu. Le djihadiste fait de sa cause un absolu, justifié ou couvert secondairement par le Coran, mais en réalité ce militant est plus proche de l'athéisme que de la foi, ce qui rend compte de son total irrespect pour les êtres humains dont la vie est relativisée au nom de son fanatisme. Et l'on sait d'ailleurs à quel point l'inculture religieuse domine chez beaucoup de ceux-là : ils ignorent à peu près tout de la religion qu'ils prétendent pourtant défendre, mais ils font du combat pour sa cause un absolu auquel tout sacrifier, la vie des « mécréants » bien sûr, mais la sienne propre, prétendument pour mériter aussitôt le paradis. Il n'a d'ailleurs pas manqué d'admirateurs, louant un tel affrontement à la mort, à la différence de nos contemporains que l'on dit lassés de tout, et préférant « être rouges plutôt que morts ».

Cette analyse est éclairante. Elle laisse entendre en effet à quel point l'indifférence, au sens négatif retenu plus haut, non au sens ignacien, peut tout à coup basculer dans le fanatisme ou l'idolâtrie. Il ne suffit pas d'avoir pris ses distances par rapport aux Églises ou aux religions instituées pour être indemne d'une telle « conversion » : celle-ci peut être heureuse, si elle consiste à retrouver les voies d'une indifférence au sens des *Exercices spirituels*, donc si elle aboutit à renouer avec un comportement proprement religieux, mais elle peut déboucher sur le pire quand de la distance prise on passe tout à coup ou subrepticement à l'extrémisme fanatique. Ce passage ne concerne évidemment pas que les djihadistes, on le constate aussi dans nombre de « conversions » à l'évangélisme protestant qui enferme ses adeptes dans le fondamentalisme ou des pratiques plus que contestables (pseudo-guérisons, transes diverses, lecture littérale de la Bible, adhésion aveugle à un gourou...). En ce sens, l'indifférence n'immunise nullement par rapport à ces « retours » vers un faux religieux qui peut aussi conduire à se confier à l'astrologie, à la magie, à la divination; et l'on sait à quel point un ancien président de la République ne dédaignait pas de consulter des tireuses de cartes en toute discrétion, ce qui veut dire qu'on peut prétendre être « de gauche » et sacrifier à l'obscurantisme[1] ! Ou se croire éloigné de toute démarche religieuse et se laisser enfermer dans cet aveuglement si reproché aux religions ou dans l'angoisse par rapport à la mort!

Analyse éclairante encore: les violences que nous connaissons aujourd'hui trouvent-elles vraiment

1. La chanteuse Édith Piaf consultait les cartomanciennes, tout en vouant un culte passionné envers Thérèse de Lisieux qui, prétendait-elle, l'avait guérie d'une infirmité gravissime... L'irrationalité se moque de la logique et de la cohérence.

leur origine dans les religions en elles-mêmes, dans leurs écrits ou dans leurs dogmes, ou bien dans des comportements de fanatiques et de déséquilibrés mentaux qui se couvrent du manteau des religions pour assouvir leurs ressentiments, leurs passions, leur haine de qui ne pense pas comme eux ? On pourrait même aller jusqu'à dire que les religions, toutes les religions, offrent malheureusement une prise facile aux fanatiques, et qu'on peut s'appuyer sur leur prestige supposé pour justifier ses crimes ou ses intolérances. Elles ont peu de moyens en effet pour se protéger des excès commis en leur nom : les excommunications catholiques du temps passé se sont plutôt retournées contre ceux qui les ont brandies, ou elles ont abouti à des combats sanglants et assez vains, par exemple contre les cathares. Assez vains, sinon qu'en a découlé ce cancer que fut l'Inquisition, entraînant l'Église catholique dans de redoutables procès, comme le feront plus tard les totalitarismes, selon des méthodes proches sinon identiques. Il n'en reste pas moins que cette tragédie démontre *a contrario* qu'une Église qui veut rester fidèle à son message de paix doit se garder de donner prise à des penchants vers la condamnation et l'exclusion… Mais que lui reste-t-il pour se défendre ? Sinon que la Vérité seule peut entraîner l'adhésion et convaincre, comme l'a reconnu le concile Vatican II[1]. Tout prophète se doit d'être « désarmé », quoi qu'en dise Machiavel, se moquant à juste titre du moine dominicain Savonarole dont les paroles étaient des glaives menaçants plutôt que des annonces de salut !

Objections philosophiques

Une actualité dramatique donne aux religions une réputation sulfureuse, on vient de le dire. Elle ne doit pas faire oublier pourtant que la critique trouve aussi des appuis dans des traditions philosophiques d'une grande force et que leurs arguments anciens semblent n'avoir rien perdu de leur pertinence. On se bornera ici à rappeler deux grandes lignes d'attaques de l'univers religieux, tant des études nombreuses ont analysé savamment les problématiques qui ont été opposées aux religions. Mais on ne négligera pas non plus des approches critiques nouvelles qui s'en prennent au concept même de « religion », qu'il faudrait tout simplement bannir de nos usages linguistiques.

1. Thèse soutenue déjà par nombre de philosophes, le plus célèbre étant sans doute Spinoza, victime lui-même des excommunications des autorités juives de son pays.

Certes, de nos jours, le refus marxiste de l'univers religieux convainc moins, car on aperçoit sans peine à quel point la critique devait déboucher sur une remise en cause radicale des relations sociales et aboutir à une société sans classes et sans État, où justice et égalité domineraient donc sans exploitation aucune entre les hommes. Or, on voit assez ce que cette révolution a fait naître de pire, dès lors qu'on a tenté de la mettre en pratique (ex-URSS, Chine, Cambodge, Corée du Nord...). La constatation de la barbarie engendrée par un athéisme d'État rend non plausible la problématique qui s'en prend à la religion comme soupir de l'âme accablée et refuge dans l'au-delà des impuissants soumis à la loi d'airain du capitalisme. Mais ceci n'annule pas, semble-t-il, la mise en cause faite par Feuerbach, et qui inspire incontestablement Karl Marx : en Dieu ou en un Être suprême, l'humanité ne ferait que « se projeter » elle-même ou se méconnaître en une Entité qui n'est en réalité que sa propre image. Il revient donc à l'humanité comme telle, et pas seulement à l'individu, de se réapproprier son essence contre les religions qui dépouilleraient ainsi l'homme de son identité propre pour la condenser en une réalité divine illusoire. Une telle réappropriation déboucherait sur une société purement humaine où l'homme serait réellement reconnu comme tel et comme fin absolue[1].

On peut voir dans cette philosophie les prémisses d'un prométhéisme où l'humanité ne doit plus que se reconnaître elle-même et en quelque sorte se donner sa propre identité[2]. Même si cela surprend, cette problématique qui semble si abstraite alimente une position conquérante sur la nature qui trouve dans l'industrie capitaliste sa traduction concrète, de l'aveu même de Marx: en s'appropriant la nature, l'homme ne fait que s'approprier lui-même et conquérir ainsi une identité aliénée par les religions. Ici encore, les conséquences concrètes de cette prétention sont devenues visibles avec les crises climatiques et suscitent, par contrecoup, certaines philosophies écologiques qui voient en l'humanité même le premier danger pour la nature. Stupéfiant retournement, bien que le prométhéisme à la Feuerbach

1. Attristant exemple chez Luc Ferry qui n'hésite pas à parler de *L'homme-dieu ou la terre de la vie*, Grasset, Paris, 1996. On aurait pu croire que les prétentions de l'homme qui se prend pour Dieu avaient montré leurs barbaries. Décidément, les expériences même les plus tragiques et les plus sanglantes n'enseignent rien aux aveugles…

2. Même idée chez Sartre: « Nous affirmons que le salut se fait sur cette terre, qu'il est de l'homme entier par l'homme entier » (*Les Temps modernes*, juin 1949). Ces beaux mots ont-ils seulement un sens? Qu'est-ce que « l'homme entier » ?

perdure étonnamment sous la forme des courants transhumanistes, ou de l'homme transformé, amélioré, agrandi par les techniques les plus modernes (ordinateurs en particulier)[1]. Où l'on voit à quel point les erreurs philosophiques peuvent être tenaces et se renouveler dans des formes nouvelles, inédites, surprenantes.

Plus crédible, sans doute, est la critique qui voit dans la religion une illusion dont l'humanité a besoin, et dont, en un sens, elle ne peut se passer. Illusion dangereuse et pourtant inéluctable... Ici, le chantre de cette position est incontestablement Arthur Schopenhauer pour qui l'humanité ne peut s'arracher au voile de l'illusion, la plus grande d'entre elles consistant à croire qu'il est possible de déchirer ou d'abolir ce voile pour atteindre la Réalité ou la Vérité. Prise dans ce que le philosophe du *Monde comme volonté et comme représentation* appelle le voile de Maïa, la vie humaine est une aventure trompeuse qui prend au piège le désir – ou la « volonté de vivre » selon son propre vocabulaire –, engluant chacun. Les hommes sont piégés surtout par le désir sexuel : grâce à lui, ils croient atteindre la

1. La littérature sur le transhumanisme est abondante, non moins que la critique de ces redoutables prétentions. J'ai dénoncé cette tendance dans *L'exception humaine* (Cerf, Paris, 2011).

jouissance suprême et le bonheur, mais en réalité ils ne font qu'engendrer la mort ; ils donnent en effet le jour à des êtres appelés à la mort, contrairement à ce qu'ils pensent en toute naïveté, et par là même ils signent leur propre extinction, tout en croyant atteindre la jouissance suprême de la vie[1] ! Ainsi, plus les hommes croient jouir de la vie, plus ils donnent carrière à leur néant : seuls certains mystiques, aux dires de Schopenhauer, mais surtout les bouddhistes ont entrevu cette cruelle vérité, qui est en réalité la seule vérité, elle-même illusoire, sur le destin des hommes. Mais ces mystiques ont su aussi qu'il était en fait impossible de s'arracher à l'illusion : tout au plus peut-on en prendre distance par une ascèse rigoureuse et une annihilation de soi…

Or, il est aussi concevable d'entendre l'illusion comme le contexte heureux, nécessaire, de l'humanité : non ce qui la condamne à une sorte d'enfer ici-bas, mais au contraire ce qui la sauve de l'abîme sur lequel elle danse sans le savoir et qu'il faut certes bien lui cacher pour qu'elle puisse supporter la vie et lui conférer un sens (illusoire). C'est Nietzsche, le disciple tourmenté et ingrat de

1. Ici encore, remarquable actualité de cette philosophie chez des femmes qui revendiquent une « grève de l'utérus » et se refusent à tout enfantement pour ne pas prolonger une humanité superflue et trompée dans sa volonté de survivre.

Schopenhauer, qui a le plus brillamment illustré une telle position philosophique. Au pessimisme schopenhauerien, on doit opposer, selon lui, un optimisme tragique et dire oui à ce qui est, tel que c'est. Or, ce qui est, c'est justement l'illusion dans laquelle nous sommes pris, mais c'est une heureuse illusion, un « gai savoir », car elle nous permet de danser au-dessus de cet abîme qu'est le monde et donc de le faire en toute (fausse) innocence. Il faut vouloir l'illusion car elle est indispensable à qui ne veut pas sombrer dans l'abîme, comme le jongleur du prologue d'*Ainsi parlait Zarathoustra* qui perd l'équilibre, tombe au sol et en meurt. Nous pressentons bien qu'il y a un au-delà de l'illusion (les fameux « arrière-mondes ») mais ils nous sont heureusement fermés, hors d'atteinte. Tout au plus peut-on pressentir « le beau chaos » qu'est le monde, mais cela n'est sans doute possible que pour quiconque a assez de « noblesse » (*Vornemheit)* pour affirmer la distance infinie, non mesurable, par rapport à laquelle nous avons à vivre (en dansant) ; pour quiconque se refuse à la folie de vouloir percer, accaparer, se donner le sens des choses. Car il ne convient pas de tenter de ramener à soi cet Infini, ce qui est justement la tentation du grand nombre, l'attitude de l'esclave qui veut s'approprier le différend et supprimer la distance… Affirmer ce qui est selon la perspective propre à chacun et qui lui interdit de vouloir s'approprier le « nouvel Infini »[1]. Appropriation qui est la tentation caractéristique des monothéismes tout particulièrement...

Nous touchons sans doute là à l'énigme de la philosophie nietzschéenne. Car on peut parfaitement interpréter le refus du pessimisme schopenhauerien, ou le « dire oui » au beau chaos du monde, comme un chant d'allégresse à l'Éternité qu'on ne peut que célébrer dans l'instant et chanter joyeusement. Par là même, le célèbre athéisme nietzschéen, la « mort de Dieu », ne serait pas purement et simplement la négation de Dieu, mais le refus d'une divinité personnalisée, circonscrite, en quelque sorte vidée de son mystère au profit d'un divin qu'on ne peut pressentir qu'en quelques instants rares et privilégiés. Ainsi de l'éblouissante « révélation » (*Offenbarung*) que fut l'expérience fondamentale de Sils Maria vécue en Engadine en août 1881 : celle du retour éternel du « dire oui » à ce qu'aucun langage humain ne parvient à cerner ou à épuiser. Réaffirmer sans cesse le « nouvel Infini », ne jamais l'enfermer dans une croyance supposée vraie, éloigne d'un monothéisme qui épuise le divin (christianisme), au profit d'un polythéisme de la variété insurmontable du réel.

---

1. Friedrich Nietzsche, *Le gai savoir*, § 374, « Notre nouvel "Infini" » Gallimard, coll. « Folio Essais », Paris, 1989.

Ainsi donc, notre démarche aboutit à discerner chez Nietzsche l'esquisse d'un « dire oui » au divin, mais sans culte, sans dogme, sans croyance, au sens où l'on prétendrait détenir la Vérité ultime de ce divin. Donc à ce que parfois l'auteur du *Gai savoir* a appelé un polythéisme, terme déconcertant et voulu comme tel : non pour promouvoir un retour aux mythologies anciennes, mais pour ouvrir à un divin éclaté, dispersé, insaisissable qu'on ne peut que chanter, tout en désirant s'unir à lui comme à cette femme dont on voudrait avoir des enfants[1]. Chant splendide mais voué à se répéter sans jamais parvenir au comblement. Un peu comme un chant qu'il ne suffit pas de chanter une fois, mais qui appelle au renouvellement incessant de la mélodie : inépuisable !

Faire le deuil du mot même de religion ?

Peut-être est-ce même dans la lignée de cette position nietzschéenne que certains proposent de faire définitivement son deuil de l'idée de religion. Non seulement parce qu'elle peut conduire à croire que, au nom de la Vérité qu'elle propose,

1. Id, *Ainsi parlait Zarathoustra*, 3e partie, « Les sept sceaux » ou « Le Chant du Oui et de l'Amen ».

elle autorise l'élimination des « mécréants », mais surtout parce que ce terme aveugle sur la réalité des multiples façons de désigner le divin. Car une telle diversité interdit de l'englober sous un terme qui donne l'illusion de « savoir à quoi s'en tenir », selon une autre formule nietzschéenne.

Certaines de ces propositions sont fantaisistes ; ainsi quand Régis Debray propose de parler plutôt de « communion »[1] et d'abolir le terme de « religion » ; en ce cas, on risque bel et bien de glisser alors dans le fusionnel, celui qu'on vit dans les moments d'intensité révolutionnaire ou de fusion collective, que l'auteur a peut-être connus à La Havane de Castro, intensité qui dissimulait les exécutions extrajudiciaires ordonnées au même moment par Che Guevara ! Sous la communion révolutionnaire chaleureuse, la terreur impitoyable mais dissimulée. Or, toute religion s'accompagne de « rites » qui organisent l'assemblée, qui tiennent à distance les uns des autres, qui limitent l'emprise mutuelle, qui empêchent que la « communion » ne devienne fusion et emprise ; il semble qu'un Confucius ait particulièrement insisté sur le rôle des rites ou des règles qui structurent un espace humain respectueux des uns et des autres, donc respectueux d'un divin

1. Régis Debray, *Les communions humaines : pour en finir avec la « religion »*, Fayard, Paris, 2005.

qu'on ne maîtrise pas. Le rite brise le fusionnel de la confusion et de l'enchaînement affectif. Ou encore, à parler de « communion » plutôt que de religion, comme le propose Régis Debray, on s'expose à confondre tout rassemblement heureux ou festif avec la substance du religieux ; or on sait assez les dangers du fusionnel : glisser à son tour dans l'exclusion et dans la violence, sans parler du fait de la fragilité et du caractère éphémère de toute fusion collective. Mais comme souvent, on se demande s'il faut prendre au sérieux les propositions brillantes et provocantes de Debray qui, par ailleurs, a écrit des textes remarquables ou proposé des émissions radiophoniques bien informées sur la religion[1]. Ici encore, l'irrationalité ne s'embarrasse pas trop de cohérence, et surtout l'expérience révolutionnaire désastreuse de Cuba ne semble pas avoir beaucoup instruit l'ancien castriste…

De son côté, appuyé sur des travaux ethnologiques prétendument sérieux, Philippe Borgeaud avance la thèse[2] selon laquelle le concept de religion serait une « fabrication » de la mythologie chrétienne, qui permet de cacher la riche diversité des

1. Émissions sur France Culture, plus ou moins reprises dans *Allons aux faits : croyances historiques, réalités religieuses*, Gallimard, coll. « Folio », Paris, 2016.

2. Philippe Borgeaud, *La pensée européenne des religions*, Seuil, Paris, 2021, et son entretien dans *Le Monde* du 20 mars 2021.

différences religieuses en les identifiant toutes à un autre concept sans contenu : le paganisme confondu avec l'idolâtrie. La « mythologie chrétienne » tenterait ainsi de dévaloriser les autres phénomènes religieux, par exemple en les considérant comme des expressions diaboliques et maléfiques, pour pouvoir mieux affirmer son universalisme, à savoir que seule cette mythologie (chrétienne) serait vraie. Ou encore, selon une autre approche moins dévalorisante, les savants chrétiens tenteraient de discerner une Révélation naturelle, des « pierres d'attente » en vue de la pleine Vérité qu'apporteraient les missionnaires. Mais ici encore, cet *homo religiosus* n'est qu'une esquisse mutilée de l'homme véritable, à savoir le chrétien.

Que la position de Philippe Borgeaud soit marquée par l'hostilité envers la tradition chrétienne apparaît dans son vocabulaire même ; cela n'annule pas son analyse, mais ouvre au doute : lui-même peut-il se dispenser d'une approche singulière, d'une « perspective » pour parler comme Nietzsche, qui lui découvre certains aspects et lui en dissimule d'autres ? Et son point de vue ne souffre-t-il pas dès lors de partialité ? Surtout, comment éviter, en toute recherche à prétention scientifique, de se donner des concepts qui permettent de rassembler des phénomènes divers, tout en sachant que l'« assomption » d'une diversité sous une telle unité a toujours ses limites ? Qui a jamais vu un État, par exemple ? Et pourtant, pour ne pas sombrer dans un éparpillement où l'esprit s'égare, on doit bien convoquer un tel concept pour désigner des administrations nombreuses, des constitutions marquées au coin d'une histoire, un gouvernement de tel type et non d'un autre, des assemblées parlementaires en nombre variable, des cours de justice et des codes, des ambassades à l'étranger, une armée et une police. Mais on doit dans le même temps aussi admettre que ce concept doit être manié avec grande prudence méthodologique, car aucun État concret, « réellement existant », ne correspond à son concept ou à son idée. Ainsi en va-t-il pour le terme de « religion » : impossible de lui donner congé sans tomber dans la confusion. À le lire, on voit d'ailleurs à quel point Borgeaud lui-même ne peut pas se passer d'un tel terme tout en le relativisant.

Il est temps de donner contenu à ce concept si discuté et si indispensable. Nous dirons donc qu'on a affaire à une *religion* dès lors qu'on trouve dans tel ou tel phénomène, des textes tenus pour sacrés, une tradition qui les transmet au long du temps et les commente, une communauté ou un groupe structuré et rassemblé autour d'une telle tradition, des rites ou des célébrations ordonnées selon certaines règles, des croyances partagées, et tout un travail d'interprétation de ces croyances et de ces traditions. Il va de soi que telle religion particulière ne répondra pas en tout point à cette définition, le judaïsme par exemple insistant particulièrement sur le travail d'interprétation des textes sacrés, ou l'islam sunnite qui se targue de ne pas connaître de hiérarchie. Cette approche saisit le phénomène religieux comme une réalité historique, collective, sociale, et non pas d'un point de vue psychologique ; c'est ainsi que nous ne parlons pas d'un instinct religieux qui serait présent dans un *homo religiosus*, comme Borgeaud reproche à Mircea Eliade ou à certains Pères de l'Église de le faire. Ce n'est pas à dire que cette approche n'ait pas sa fécondité, mais elle se risque sur un terrain psychologique peu stable. Or, les religions se donnent à voir dans l'histoire des hommes et s'inscrivent dans des institutions sociales repérables, par exemple prêtres, rabbins, imams, magiciens, sorciers, sages, assemblées de croyants, sans parler des monuments architecturaux, mosquées, églises, temples, monastères, qui marquent un paysage et constituent autant d'évocations dans la pierre des croyances partagées… Les religions prêtent le flanc à la critique comme toute autre réalité sociale, mais contrairement à un slogan trop souvent répété, elles entretiennent elles-mêmes leur propre critique quand elles appellent le fidèle à la vigilance ou à vivre une « religion en esprit et en vérité », donc non dans la soumission aveugle, mais dans une écoute (obéissance) réfléchie. Il n'en est pas moins certain que de nos jours, pour quelques raisons indiquées plus haut, leur réputation est mauvaise. Au point même de favoriser non seulement l'indifférence ou la critique, mais aussi l'athéisme, c'est-à-dire le refus de toute référence à une transcendance (ce qui semble le cas chez Borgeaud). Situation inconfortable pour tout croyant, mais qui a un bon côté aussi : l'obliger à être conscient de ce à quoi il tient et qui le fait tenir !

2

Impossible athéisme

Nul doute que l'indifférence religieuse soit de nos jours un phénomène massif, du moins en Occident, affirmation qu'on ne cherchera pas à étayer, comme il est de mode, sur des sondages ou des statistiques. La raison en est qu'on est légitimement méfiant sur ces pratiques dès lors qu'il s'agit d'interroger un échantillon de population sur des questions aussi fondamentales, intimes, souvent indicibles qui sont en jeu quand il s'agit des convictions religieuses. On peut certes trancher pour dire ses préférences en matière alimentaire ou en politique, et le statisticien pourra constituer ainsi des tableaux sans doute utiles dans les domaines concernés, avec les risques, surtout en politique, de se conformer à cette réalité si vague et si indéterminée, si manipulable qu'est l'opinion publique. Donc de donner prise à la démagogie ou à l'erreur. Mais en matière religieuse, comment répondre pertinemment, à moins de suivre le « politiquement correct» ? Même le croyant le plus sincère admettra en lui des zones de doutes et des moments où Dieu semble absent de sa vie. Est-il pour autant un mauvais croyant, voire un athée ? On est donc en droit de se méfier au plus haut point des statistiques et des sondages en matière religieuse où les options sont rarement chiffrables ou réductibles à des affirmations nettes et définitives.

En fait, plus que l'indifférence, c'est l'athéisme qui a attiré l'attention des philosophes et des théologiens ; on a même pu se demander si les anciens Grecs croyaient à leurs dieux, donc s'ils ne manifestaient pas à leur égard une indifférence qui n'était pas peut-être pas à proprement parler un athéisme, au sens actuel d'un terme d'ailleurs mal définissable, comme on va voir. Faudrait-il conclure qu'un athéisme justifié, raisonné, soutenu par une démarche intellectuelle cohérente serait typique de l'Occident moderne, voire même qu'il aurait peut-être des racines dans l'Antiquité grecque et romaine ? Ou, comme l'a soutenu Nietzsche, serait-il essentiellement lié au christianisme lui-même[1] ? De ce vaste problème, on retiendra une interrogation : l'athéisme est-il une option humainement viable ? N'est-il qu'une réaction contre une religion établie

1. Par exemple, Friedrich Nietzsche, *Le gai savoir*, *op. cit.*, § 357, « À propos du vieux problème : "Qu'est-ce qui est allemand ?" ».

et jugée hypocrite, conformiste, insoutenable, en l'occurrence le christianisme ? et même si de larges courants de la philosophie moderne ont crédité l'idée que l'athéisme était désormais notre « horizon indépassable », comme le prétendait Sartre à propos du marxisme, ne peut-on s'interroger sur de telles options, après tout largement discutables et sans doute même intellectuellement aventureuses ? À elle seule, la sentence sartrienne a largement perdu de sa pertinence, c'est le moins qu'on puisse dire.

Vanité de l'athéisme

Le cas de Pierre Bayle

On peut s'arrêter à un exemple typique d'une critique athée de la religion chrétienne. Pierre Bayle (1647-1706), le philosophe qui a exalté plus que tout autre la souveraineté de la conscience individuelle[1], a rêvé d'une société d'athées, sans se ranger lui-même dans cette catégorie, puisqu'il semble avoir professé une sorte de déisme, assez courant à son époque. Selon lui, débarrassée des superstitions,

1. *De la tolérance. Commentaire philosophique sur ces paroles de Jésus-Christ : « Contrains-les d'entrer »*, Presses Pocket, Paris, 1992, p. 113. Un moment catholique, Bayle s'est rangé du côté du calvinisme.

donc du fanatisme, une telle société ne pourrait que communier dans la concorde, la paix, l'entente mutuelle. Des citoyens athées seraient mus par le bien public, ce qu'après Bayle, Jean-Jacques Rousseau n'était pas loin de penser quand il évoquait sa « religion civile » au dernier chapitre du *Contrat social*. De tels athées ne seraient plus tentés par le mal, bien éduqués par un système positif qui ne ferait pas appel à des croyances, à du vague, à de l'incertain, mais qui s'appuierait sur des données vérifiables, donc soumises à l'épreuve de la raison critique. Thèses auxquelles n'adhère pas Rousseau, moins naïf qu'on ne pense, puisque la religion civile proposée aurait des « dogmes » et que le citoyen qui ne s'y soumettrait pas serait passible de la peine de mort… Ces thèses, quoique redoutables, ont profondément marqué certains esprits et elles ont eu des conséquences politiques non négligeables, par exemple au moment de la Révolution de 1789 ou dans l'inspiration d'un modèle républicain de l'éducation de la jeunesse. Mais il n'en reste pas moins que Bayle est un représentant tout à fait typique de ce qu'on appelle l'esprit des Lumières françaises, marquées par un optimisme de la raison et par la certitude qu'ouvrir une école, c'est fermer une prison, pour reprendre une formule de Victor Hugo. Les Lumières ne pourront que chasser les ténèbres, caractéristiques des religions. L'avenir est donc ouvert à une amélioration de l'humanité. Cette belle thèse, si attirante, si naïve aussi, a pesé lourd sur l'avenir et entretenu des manières de faire dont les résultats n'ont guère été la fermeture des prisons, tout au contraire... Car plus on est éduqué, plus on peut mal faire avec subtilité, intelligence et discrétion !

Il faut admettre que la pensée de Bayle n'est pas exempte de contradictions[1] ; ainsi reconnaît-il qu'un athée « qui, ne croyant rien au-dessus des lois humaines, ose[rait] néanmoins les fouler aux pieds [...], pourra être châtié comme un séditieux[2] », car les magistrats « sont obligés par la loi éternelle de maintenir le repos public » ; ils « peuvent et doivent punir tous ceux qui choquent les lois fondamentales de l'État, au nombre desquelles on a coutume de mettre tous ceux qui ôtent la providence, et toute crainte de la justice de Dieu ». Ce qui semble bien désigner l'athée : si donc sa conscience est souveraine et s'il peut faire le bien, il ne doit pas moins être soumis aux lois puisqu'il « ne pourra jamais alléguer aux magistrats cette sentence de saint Pierre : "Il vaut mieux obéir à Dieu qu'aux hommes" ». Formule qui

1. Ce qu'analyse très bien un biographe, pourtant tout à fait favorable à Bayle, Hubert Bost, *Pierre Bayle*, Fayard, Paris, 2006, p. 450 et suivantes.
2. *Ibid.*, p. 313.

constitue « l'asile inviolable de la conscience »[1]. Où il apparaît donc qu'une société d'athées ne sera pas nécessairement vertueuse, et que, même là – et sans doute surtout là puisque l'on ne croit plus à la Providence –, le magistrat, donc le pouvoir politique, devra exercer une juste contrainte pour assurer la sécurité publique... Le politique prime alors sur la conscience, la société ordonnée sur la personne humaine, malgré toutes les affirmations contraires, de la part de Bayle, sur le caractère indépassable de la conscience morale ! Curieusement, c'est bien aussi ce qu'annonce Rousseau avec sa religion civile imposant la peine de mort à qui ne la respecte pas. On peut faire mieux dans la défense de la liberté de conscience !

Comment mieux dire, en conséquence, qu'une société d'athées, certes capable de bien, n'éliminera pas la contrainte politique, et même qu'elle la renforcera puisque la conscience morale ne sera plus la voix de la transcendance en l'homme ? C'est donc donner blanc-seing à la « violence » de l'État. Certes Bayle n'est pas Lénine, mais cette philosophie « éclairée » ne porte-t-elle pas en elle un possible (inévitable ?) glissement vers la toute-puissance de l'État et une redoutable subordination aux contraintes des lois humaines, de la

1. *Ibid.*, p. 312. Citant ainsi les Actes des Apôtres 5, 29.

conscience personnelle, dépouillée dès lors de son appui sur une transcendance ? Donc sur un au-delà de la Cité ?

Les athéismes d'État

La perspective d'une société d'athées, qui serait juste ou dépouillée de toute forme de domination de l'homme sur l'homme, n'est pas restée un vœu pieux ou un souhait pour le futur, on l'a dit. Le marxisme-léninisme a prétendu fournir les clés scientifiques selon Louis Althusser, de l'avènement par la révolution prolétarienne d'une société sans classes et sans État, où donc la contrainte serait absente. Comme on sait, une telle perspective de libération de l'injustice a enflammé d'innombrables bonnes volontés ; or, elle impliquait logiquement aussi la disparition ou l'effacement de toute forme de religion, donc de toute transcendance, puisque les religions étaient mises du côté de l'exploitation de l'homme par l'homme, donc au service de ce qu'on cherchait à supprimer. L'homme serait pour l'homme l'être suprême, selon une formule célèbre de Karl Marx. Or, les expériences tragiques et meurtrières qui ont découlé de ces tentatives révolutionnaires, ou qui en découlent encore dans les pays qui font profession de marxisme-léninisme et se couvrent de son prestige philosophique, ont montré à l'envi à quel point l'avènement, toujours différé, d'une telle société suppose « une dictature du prolétariat », en fait celle du Parti des « révolutionnaires professionnels » (Lénine), qui, si brève doive-t-elle être selon la théorie, se devra d'éliminer ou de neutraliser les forces capitalistes qui ne subsistent que par la domination de l'argent et du profit, donc par l'exploitation des travailleurs.

On est dès lors loin des prévisions relativement optimistes de Pierre Bayle : l'athéisme, surtout quand il devient doctrine (religion ?) d'État, a en mains, pour s'imposer, la violence politique la plus totale, puisqu'il suppose une société close sur elle-même, sans ouverture et sans ce « vide » qui la sauve du repli sur soi – à suivre les thèses de Claude Lefort – ou de l'illusoire certitude de pouvoir se prendre en main totalement soi-même. Il s'identifie alors à la pratique redoutable du « tout est possible » sur l'homme, en quoi se résumaient pour Hannah Arendt les totalitarismes. Si les religions révélées suspendent au-dessus de la tête des mécréants la possibilité d'une damnation éternelle, les athéismes d'État, eux, ouvrent dès maintenant l'enfer des camps à qui ne « comprend » pas les lois rigoureuses et scientifiques de l'histoire et de la nature. Versions noires de l'athéisme et d'ailleurs versions inachevables, car comme dans le cas de la Révolution française de 1789, il y a toujours des « suspects » à pourchasser, des exploiteurs à débusquer. La lutte est donc par définition incessante, l'oppression au nom de sa suppression devenant la loi permanente de la société et de la politique.

En effet, l'athéisme d'État ne peut se fonder qu'en exaltant un principe souverain auquel soumettre la société tout entière pour conduire son avenir : un tel principe sera celui du prolétariat, de la classe ouvrière, des exploités (version marxiste-léniniste), ou celui de la race (version nationale-socialiste nazie). Ce principe devient inévitablement une sorte d'absolu incontestable et « fécond » dans la mesure où il permet de justifier un pouvoir prétendument révolutionnaire et de fédérer une société autour de la mise en œuvre d'un tel principe. Absolutisation qu'on peut et doit appeler une idolâtrie, même si le terme déplaît à certains[1]. Absolutisation inévitable si l'on veut atteindre l'objectif d'une société sans aliénation ou d'une société de domination d'une race (prétendue) pure. Absolutisation redoutable, puisqu'un tel absolu est incompatible avec tout autre absolu, donc avec toute religion porteuse d'une autre

1. Ainsi de Philippe Borgeaud, *La pensée européenne des religions*, *op. cit.*, qui voit dans l'usage de ce vocabulaire, notre soumission au « carcan chrétien [*sic*] » (entretien dans *Le Monde* du 20 mars 2021).

transcendance : les persécutions des croyants sont inéluctables et parfaitement logiques, car ces croyants mettent leur foi en un autre absolu que le Prolétariat ou la Race.

Certes, l'athéisme d'État prétend renouer ou parachever l'esprit des Lumières : il cherche en effet à éduquer le citoyen, à lui faire admettre la grandeur du Principe directeur de la politique, à le conduire à s'y soumettre consciemment par un travail sur l'esprit en vue de créer un homme nouveau par mimétisme conscient ou non avec les religions. Éducation plus terrible que la contrainte des corps, puisqu'elle vise l'esprit ou l'« âme » humaine ainsi mise à disposition des « révolutionnaires professionnels », donc du Parti ou des organes étatiques (GPOU, Stasi ou Gestapo). Il ne s'agit pas là d'affirmations gratuites ou ne concernant qu'un passé lointain : les exemples actuels et terrifiants de l'actuelle Chine communiste ou de la Corée du Nord illustrent cette ambition d'un contrôle presque parfait sur la population, ou sur certains peuples, comme les Ouïghours qui professent majoritairement l'islam. Quelle religion « dominante » n'a jamais abouti à de telles horreurs portant sur des milliards d'êtres humains, et sur une durée qui ne semble jamais finir ? D'ailleurs, jadis, en eussent-elles eu les moyens techniques terriblement efficaces dont nous disposons de nos jours ? Ici encore, les identifications sont plus que risquées, quoique malheureusement courantes.

Il est frappant, en même temps, qu'un tel athéisme d'État ait aussi, derrière sa face grimaçante, une face qui prête à rire : les défilés militaires grotesques qui caractérisent ces totalitarismes exhibant une soldatesque réduite à des mannequins, devant une foule rameutée pour agiter des drapeaux ou chanter la sagesse du « leader bien-aimé et infaillible »[1], offrent des spectacles où ridicule et vanité rivalisent. Derrière l'exaltation du régime, le vide ou le grand-guignol… Les immenses assemblées du Parti communiste chinois ou nord-coréen, où les délégués applaudissent unanimement les décisions des responsables, offrent un spectacle aussi effrayant que grotesque, voire comique. À un moindre degré, les musées de l'athéisme (il m'a été donné d'en visiter un dans ce qui s'appelait alors Leningrad) sont une démonstration si stupide qu'on dût en fermer

1. C'est ce qui ressort d'un documentaire d'Arte, « La Chine ne gagnera pas » (troisième épisode de la première saison de la série *American First, le bilan*), réalisé par Norma PERCY, sur les rapports tumultueux du président Trump avec Kim Jong-un, de Corée du Nord. Aux diplomates américains qui redoutent un accident nucléaire déclenché par erreur, les représentants de la Corée rétorquent que leur « grand leader » ne peut pas se tromper… (fin mars 2021). L'infaillibilité n'est donc pas un privilège papal ! À ceci près que les papes ne disposent heureusement pas de l'arme atomique.

plus d'un, tant le régime démontrait par ces institutions l'inverse de ce que le Parti souhaitait illustrer !

Il est d'ailleurs presque humoristique de constater à quel point les régimes où une religion est imposée par l'État ressemblent aux régimes athées. Le cas de l'Iran actuel, dominé par les mollahs chiites, où l'islam est religion d'État, serait à analyser de près, comme d'ailleurs ceux où la charia fait loi, en principe du moins. De bons observateurs remarquent à quel point cette imposition politique d'une idéologie religieuse engendre, certes, beaucoup d'hypocrisie et de double jeu, mais aussi de la distance envers l'islam, voire de l'athéisme. Distance et athéisme évidemment inavouables ouvertement et publiquement en de tels régimes, comme dans les États bolcheviques qui n'admettaient la moindre distance critique. Mais ces réalités fortes quoique peu visibles touchent particulièrement les jeunes générations, qui sont ainsi tentées par le refus d'un islam imposé par les lois, donc par la police (la police des mœurs en particulier) : refus d'une religion source de tant de violences faites aux femmes ou aux prétendus « mécréants ». De tels régimes soi-disant religieux[1]

---

1. L'État d'Israël, en principe fondé jadis sur des postulats juridiques séculiers, penche de plus en plus vers un judaïsme d'État sous la pression des ultra-orthodoxes juifs. Il échappera donc sans doute de moins en moins aux périls de la confusion du politique et

engendrent le dégoût et le mépris pour la religion, attitudes qui ont quelque chose à voir avec l'athéisme, ou pour le moins qui provoquent une réserve envers une religion liée à un régime policier oppresseur.

Resterait à savoir en outre si la conjonction forte entre religion et politique n'est pas consubstantielle à l'islam, et si donc là où l'on se veut fidèle à la doctrine du Prophète, on n'est pas conduit à des États autoritaires et dictatoriaux où la police (surveillances, arrestations, voire mises à mort, lapidations, mutilations) contraint la population à une Loi supposée révélée[1]. Par là, une étrange parenté s'instaure entre athéismes d'État, façon bolchevique ou nazie, et régimes islamiques couvant l'athéisme et alimentant le refus, par de larges pans de la population, d'une contrainte religieuse qui justifie la police politique. Parenté inquiétante aussi : les athéismes des États bolcheviques se sont effondrés sous le poids des échecs économiques et sociaux, alors qu'on peut se

du religieux, s'alignant ainsi paradoxalement sur les régimes musulmans. Une loi de juillet 2018 le définit d'ailleurs dangereusement ainsi : « Israël, État-nation du peuple juif ». Le non-juif, quel statut dans cet État ?

1. Lire sur ces points Anoush Ganjipour, *L'ambivalence de l'islam. Pasteur ou Léviathan ?*, Seuil, Paris, 2021, ou les travaux de l'historien Gabriel Martinez-Gros (site Herodote) qui voit un lien intrinsèque entre islam et djihad.

demander comment pourra jamais s'opérer une disparition des islams politiques. Car on peut mettre en cause une économie sur ses résultats déplorables, mais comment contester une religion supposée révélée et donnée par la divinité dans sa lettre arabe ? On ne voit guère pour le moment se lever des critiques sérieuses et fondées dans le monde musulman où la soumission paraît acceptée de gré ou de force, alors que dans le même temps se multiplient des dénégations radicales, mais silencieuses, de cette même religion.

L'athéisme ordinaire

On ne saurait cependant identifier toute forme d'athéisme avec ces athéismes d'État, car il est des formes personnelles d'athéisme qui ne revendiquent nullement de s'imposer par la loi ou par l'idéologie religieuse musulmane. Il n'en demeure pas moins très difficile, voire impossible, d'analyser en quoi consiste ce que j'appellerais l'athéisme ordinaire : celui des personnes qui non seulement restent indifférentes à l'univers religieux, mais qui surtout affirment que rien de tel qu'un Dieu n'existe, et donc qui vivent une existence en absence de tout sentiment religieux, sinon spirituel. Or, il faut certainement beaucoup de témérité pour souscrire à une telle perspective[1]. À cet égard, comme on l'a dit, l'agnosticisme reste une position beaucoup plus sensée : l'agnostique ne veut pas conclure, il reste dans l'incertitude quant au monde du divin, il ne penche ni d'un côté (la foi) ni de l'autre (l'athéisme). Or, tenir pour certaine la non-existence de Dieu, vivre une existence dépourvue de toute perspective sur une transcendance, même purement temporelle ou sensible, apparaît comme un défi quasiment insoutenable, même si dans les sondages beaucoup s'inscrivent dans cette catégorie de l'athéisme. On peut donc se demander si, dans de tels sondages, les réponses ne confondent pas agnosticisme et athéisme, en cédant à une sorte de mode ou de conformisme, voire d'ignorance intellectuelle.

Ici encore, les mises au point s'imposent : l'expression célèbre (trop célèbre) de la mort de Dieu chez Nietzsche justifie trop facilement un alibi à la paresse intellectuelle, car beaucoup s'abritent sous un tel patronage en s'identifiant à cette position ou en pensant y trouver une caution philosophique

1. À cet égard, on peut négliger de prendre en considération les hallucinations de ceux qui identifient l'homme à Dieu dans la ligne de Feuerbach. Ainsi du livre de Luc Ferry, *L'homme-dieu ou la terre de la vie, op. cit.* Un tel homme qui se prend pour Dieu, on commence à savoir de quoi il est capable ! Dieu ou démon impitoyable pour l'autre homme ?

impressionnante. Or, si Nietzsche parle d'une mort, il s'agit de l'effondrement d'un Dieu personnel qui « capte » toute forme de divin à son profit, selon *Ainsi parlait Zarathoustra*. Est en cause le monothéisme, du moins tel que l'entend le philosophe de Sils-Maria, un « monotonothéisme » selon sa propre expression[1] ; « monotonothéisme » qui ne ressemble guère à la confession de foi chrétienne d'un Dieu Trinité, fait de relations amoureuses ouvertes à l'accueil de tout amour authentique, appelant l'humanité à partager cette vie d'amour et de surabondance, mais formule caractéristique du refus d'un divin limité, personnel, uniforme, finalement vide de toute puissance de vie… C'est d'ailleurs en toute logique que, niant un tel Dieu « monotone », Nietzsche se reconnaît dans une forme de polythéisme ou de divin, sans nomination possible, sans attribution d'une identité figée, une multitude qui est la forme de « notre nouvel Infini », un « beau chaos », plutôt qu'une Personne définissable.

Mais ne parle-t-il pas pourtant d'un « athéisme de rigueur », laissant entendre par là que l'athéisme ne peut pas ne pas s'imposer à nos esprits ? Comme toujours avec ce philosophe, il ne faut manquer ni de subtilité ni de ces « nuances » qu'il a exaltées.

1. Friedrich NIETZSCHE *L'antéchrist*, Gallimard, Paris, 1990, § 19 qui parle de « ce pitoyable Dieu du monotono-théisme chrétien ».

Il en va de l'athéisme comme d'une « tenue de rigueur » qu'on est obligé d'adopter pour une soirée mondaine, une sorte de conformisme imposé, mais qui ne va nullement de soi. Non l'habit ordinaire, mais une sorte de « pose » théâtrale qu'on se voit en quelque sorte contraint d'adopter pour être conforme. En rigueur de termes, on ne peut plus adhérer à la religion traditionnelle, devenue « humaine, trop humaine », donc ayant perdu le sens de l'infini divin sans fond. C'est pourquoi, à sa suite, on peut conclure qu'un « athéisme inconditionné », comme il l'évoque quelques fois, est une attitude impossible et invivable. La « volonté de croyance » est chevillée au corps de ces « animaux malades » que sont les hommes : ils ne peuvent faire autrement que « croire » (*Glauben*), car « mieux vaut n'importe quel sens que pas de sens du tout ». Avec le péril très réel de s'adonner à toute croyance qui conforte la volonté faible et lui évite de sombrer dans l'inconsistance ou le nihilisme. Où nous retrouvons ces idoles dont Nietzsche pensait qu'« il y a dans le monde plus d'idoles que de réalité[1] ». Mais une « croyance » qui porterait à danser sur le monde, donc à reconnaître sans peur un tréfonds

1. Avant-propos de *Crépuscule des idoles ou comment philosopher à coups de marteau*, in *Œuvres philosophiques complètes*, VIII, 1, Gallimard, Paris, 1974.

inaccessible, ne serait-elle pas proche d'une « gaie science » (*Frohliche Wissenschaft*) ? Telle est la position masquée du philosophe de Sils-Maria, souvent d'ailleurs méconnue par ceux, innombrables, qui en font une lecture de récupération purement athée.

L'athéisme serait-il donc impossible ou dissimulerait-il une croyance qui ne dit pas son nom ? Comment, en effet, être certain, d'une certitude ferme voire absolue, que rien n'existe tel qu'un dieu ou du divin ? Il faudrait être bien audacieux, ou bien téméraire, ou bien sot pour conclure ainsi. À l'athéisme ainsi entendu, on comprend que beaucoup préfèrent se dire « agnostiques », agnosticisme d'ailleurs qui peut faire bon ménage avec des formes diverses de fidéisme, comme on le constate chez un philosophe comme Jean-Luc Nancy : il faut se garder d'affirmer, de conclure, de définir, donc de limiter le réel, non sans éviter le risque d'aboutir à ce que Hegel appelait « la nuit où toutes les vaches sont grises », c'est-à-dire à l'indétermination de la pensée, autrement dit au refus de penser ou à la paresse intellectuelle. Agnosticisme qui peut aussi chercher à se justifier en ne considérant dans les religions que de la poésie. Telle est la position de Peter Sloterdijk dans *Faire parler le ciel*[1], penseur

1. Payot, Paris, 2021. L'intuition perçante du philosophe lui fait lire Baudelaire ou Verlaine sous les traités théologiques de saint

élevé par la presse au rang de « philosophe le plus décapant de l'espace européen[1] », alors que l'idéologue de la sélection et du parc humain n'est sans doute qu'un provocateur avisé, flirtant avec un néonazisme qui ne dit pas son nom[2] (Heidegger aussi exaltait la poésie comme un substitut à la religion, mais il mettait sa confiance, sa croyance dans le Führer...). Ici, sous prétexte d'expliquer, l'athée ou l'idéologue affiche son mépris et son incompétence.

On trouverait un autre exemple affligeant dans le livre d'Emmanuel Pierrat, *Je crois en l'athéisme*[3]. Déçu par le catholicisme, l'auteur fait ce qu'il appelle « des voyages en religion », tentant d'expérimenter toutes les religions à travers le monde, comme si l'expérience religieuse pouvait être pertinente dans une sorte de touche-à-tout rapide et donc superficiel. Ce tourisme pseudo-religieux ne peut que conduire à l'incompréhension des univers

Thomas d'Aquin ou de saint Bonaventure. Il est bien le seul à avoir une telle double vue. Heureux homme ainsi dispensé de la rude tâche d'une lecture théologique savante...

1. *Le Point* n° 2533 du 4 mars 2021.

2. Il s'est rendu célèbre dans un article de *Die Zeit* du 16 septembre 1999, intitulé « Regeln für den Menschenpark » (« Règles pour un parc humain »), qui justifiait eugénisme et sélection entre êtres humains. Cet article reprenait une conférence donnée au château bavarois d'Elmau. Voir d'innombrables réactions, par exemple dans *Le Monde des débats* de décembre 1999, mais aussi celle de J. Habermas dans *Le Monde* du 29 septembre 1999.

3. Cerf, Paris, 2020.

religieux qu'on frôle en passant, à l'exemple de ces visiteurs pressés qui parcourent les musées caméra en main, sans prendre le temps de l'indispensable : la contemplation, la rumination, la durée, la lente pénétration en soi de la beauté, le silence admiratif. Sans surprise (pour nous), Pierrat retire de ces « voyages » touristiques une tolérance universelle, donc une acceptation de tout, sauf, étrangement, de l'extrême-droite politique qui n'est pourtant pas une religion… Inconsistance intellectuelle qui montre que la tolérance a tout de même des limites, même si Pierrat ne parvient pas à justifier ses refus partisans, ni non plus à informer le lecteur sur les islams qu'il n'évoque pas, et encore moins à justifier sa « croyance » en l'athéisme. Peut-être ne faut-il pas trop chercher de cohérence dans une position plus théâtrale que réfléchie.

Une telle béance est plutôt le signe d'une indigence intellectuelle et spirituelle, et, d'ailleurs, bien d'autres témoignages pourraient être trouvés dans certains romans contemporains où le sexe semble devenu le nouvel absolu[1], ou dans ces essais à prétention philosophique dont la vanité échappe visiblement à leurs auteurs. Le règne de l'athéisme

1. Un assez large pan de la littérature française contemporaine relève de ces obsessions sexuelles, notamment chez Christine Angot, Catherine Millet, Annie Ernaux et Virginie Despentes.

« bon chic bon genre » fourmille en ces œuvres prétentieuses qui affichent une liberté dévoyée sous prétexte de libération envers les religions. On aura quelque peine à conclure en un avenir bénéfique et fécond pour l'humanité dans le règne de l'athéisme !

Impuissance de l'athéisme

On ne contestera pas que le refus de Dieu, la négation réfléchie et décidée du divin, puisse conduire à une sagesse[1], à condition qu'elle soit possible, donc informant réellement une existence et pas seulement un habit de soirée, un « athéisme de rigueur », une nouvelle forme de conformisme. Après tout, les anciens Grecs, sans être à proprement parler athées, ne reconnaissaient que des divinités lointaines et peu imitables par les

1. C'est pourquoi on ne conclura pas à la thèse selon laquelle l'athéisme serait « dépassé », comme l'affirme Fabrice HADJADJ dans *La foi des démons ou l'athéisme dépassé*, Salvator, Paris, 2010. Thomas D'AQUIN reconnaît dans la *Somme théologique* (Ia, q. 2, art. 1 à 3) que l'existence de Dieu ne relevant pas de l'évidence, l'interrogation à son sujet demeure toujours possible, et sans doute indépassable. Thèses proches chez François GACHOUD, *Par-delà l'athéisme*, Cerf, coll. « La Nuit surveillée », Paris, 2007, qui identifie les « religions particulières » (p. 73, p. 117) accusées d'innombrables « horreurs » et accuse le christianisme d'avoir oublié le lien entre incarnation et résurrection (p. 145). On ne peut que s'étonner de la gratuité de ce dernier propos.

« éphémères » que sont les humains, divinités qui cédaient comme eux à leurs passions ; ils ont pourtant professé, et sans doute vécu, une sagesse que nous admirons grandement, soit sous des formes apparentées au stoïcisme, soit sous celles de l'épicurisme. Mais à la suite des réflexions précédentes, on peut et l'on doit poser la question de savoir si l'athéisme peut inspirer une civilisation, pas seulement un comportement personnel et des règles de conduite éventuellement exigeantes et fortes (souci de la justice, sens de la solidarité, engagement au service de la cité...). Car inspirer un art de vivre ensemble suppose une vue globale et dynamique qui fédère des volontés singulières, qui leur ouvre la perspective d'un avenir commun et souhaitable, qui les entraîne ici et maintenant à le préparer en arrachant la volonté au « à quoi bon ? » nihiliste, selon la formule nietzschéenne.

L'individualisme professé par beaucoup de nos jours semble bien peu capable d'une telle ambition, or il s'appuie souvent sur un athéisme décidé, une appropriation de soi qui ne laisse guère de place à des perspectives plus vastes. Professer « mon corps m'appartient[1] » peut donner bonne conscience

1. L'expérience commune enseigne plutôt que c'est le corps qui nous possède, plus que nous ne le possédons ou en disposons (maladies, fatigue, dépression, vieillesse, pour ne rien dire de la mort).

et fonder des revendications spécifiques (droit à l'interruption de grossesse, droit au suicide assisté, droit à la GPA...), mais ce slogan ne peut guère soutenir l'ambition d'une civilisation où l'individu trouve à s'insérer dans plus grand que lui, en s'enrichissant d'une tradition et d'une histoire qu'il reçoit comme un patrimoine plein de richesses, se mobilisant pour les poursuivre à travers son travail et des projets parentaux (enfants), inventant de nouveaux styles de vie pour répondre aux défis du temps. L'appropriation de soi frise dangereusement le repli sur soi, sur ses désirs immédiats, dans l'oubli de toute dette envers la société : la Sécurité sociale ne manque pourtant pas d'être sollicitée par les personnes en demande d'interruption de grossesse, comme si faire naître, donc préparer l'avenir, était une maladie dont les soins réclament remboursement à la société ou à l'État ! Où l'on voit d'ailleurs qu'un tel slogan est plus destructeur, que constructif : il ruine peu à peu un art de vivre qui fait la force d'une civilisation et donne à chacun de participer à plus haut et plus grand que lui : patrie, tradition, patrimoine, avenir... Il replie sur soi, même si, en même temps et contradictoirement, il sollicite l'État pour satisfaire ses demandes individuelles.

L'échec de l'athéisme à être créateur d'un univers commun viable, ce que nous appelons ici

« civilisation » et que d'autres identifient à « culture », a déjà été suggéré à travers l'échec patent des athéismes d'État ou des athéismes à coloration religieuse comme l'Iran des ayatollahs. Il est d'ailleurs contesté par ceux-là mêmes qui ont professé « la destruction du monothéisme[1] », mais se sont montrés incapables de proposer des perspectives viables et crédibles. Aussi peut-on retenir le jugement impitoyable d'un Jean-Luc Nancy déjà cité[2] :

> Une culture ne peut être vivante que si elle est prise dans une vue de l'esprit [...]. Je pense souvent à la phrase de Jean-Christophe Bailly dans *Adieu* : « L'athéisme n'a pas été capable d'irriguer son propre désert. » Il le constate en athée convaincu, en se posant la question de l'invention d'un autre sacré, d'un autre divin, résolument athée.

On ne peut que constater et déplorer cette pirouette finale car qu'est-ce qu'un divin athée ? Un retour au sacré ? Lequel ? Est-il réellement souhaitable, possible, ou une pure fable aussi enfantine que périlleuse ? Une telle pirouette en ouvre sur une autre, puisqu'à la question : « Que reste-t-il du christianisme ? », le philosophe avance : « J'aurais

1. Publié en 2004 dans les *Cahiers de l'université des Sciences humaines* à Moscou. Voir aussi *L'adoration. Destruction du christianisme II*, Galilée, Paris, 2010.

2. *La Croix* du 17 octobre 2020. Le philosophe est décédé en août 2021.

envie de répondre : tout. » Il entend par là, précise-t-il, la pluralité des interprétations des Écritures, ultime pirouette, même s'il ne faut pas négliger cet apport intellectuel en effet essentiel tant au judaïsme qu'au christianisme... Dans ce contexte, persister à se dire athée, comme cela semble être le cas chez Bailly ou Nancy, relève de ce que j'ai appelé plus haut du « fidéisme » : on croit sans savoir, par pure option gratuite et non fondée. On croit même contre toute raison, ici en un sacré « résolument athée ». En réalité, la position de Nancy relève de l'esthétisme, de la légèreté dans la non-affirmation, de la jouissance dans l'absence de sens. Elle est loin de l'« humanisme athée » qui prétendait substituer l'homme à Dieu, car si l'on veut « être fidèle à ce qui [se donne] sous le nom d'athéisme », on n'est pas conduit « à la substitution à "Dieu" d'un autre principe, "matière" ou "homme", mais au contraire à l'absence de toute possibilité de substitution si le lieu du principe, en tant que tel, n'a pas lieu d'être ». Il convient « de ne pas permettre que la vérité se trouve en quelque sorte vérifiée – accomplie, désignée, saturée », pour pouvoir « ouvrir et garder ouvert le "sens" en tant que passage et renvoi »[1].

1. Jean-Luc Nancy, *Noli me tangere. Essai sur la levée du corps*, Bayard, Paris, 2013, p. 21.

Position intellectuelle admirable dans sa radicalité, mais dont on doute qu'on puisse réellement en vivre, sauf à se satisfaire de mots. La quête de vérité n'est pas une quête pour la saturation, préjugé qui permet de liquider trop vite ce concept essentiel à toute existence personnelle et collective, ouvrant la voie d'ailleurs à la post-vérité, en réalité au trafic des esprits. Le refus de tout fondement peut certes se prévaloir d'un certain nietzschéisme, donc se donner quelques lettres de noblesse (*Vornehmheit*), à condition d'oublier que dans le prologue d'*Ainsi parlait Zarathoustra*, l'équilibriste ou le bouffon qui traverse la place sur une corde, suspendu au-dessus du vide, perd l'équilibre et finit par s'écraser au sol... Esthétiquement, il est magnifique de vouloir danser sur l'abîme, comme le propose en effet Nietzsche, mais celui-ci avait l'honnêteté d'admettre qu'une telle attitude comportait le danger le plus grand : la mort même ou la folie. On peut donc se demander si ce qui paraît si sublime est réellement vivable, et d'ailleurs Nietzsche savait que cette sagesse ne pourrait concerner que quelques esprits « nobles », non la multitude : philosophie aristocratique avouée qui ne prétend pas s'adresser au « dernier homme », au démocrate moderne ! Or, la philosophie doit nous aider à vivre, non à jouer à qui perd gagne avec l'existence. À sa manière, Nancy démontre splendidement à quel point son athéisme esthétisant est impraticable, voire même conduit à la destruction de soi (et des autres). Et comme on le voit, la légèreté envers l'idée de vérité porte à de lourdes conséquences humaines et politiques que le philosophe ne semble pas soupçonner. Légèreté fréquente d'ailleurs chez l'intellectuel à la française, mais redoutable quoique apparemment flatteuse et audacieuse...

Quelle puissance créatrice ?

On peut d'ailleurs trouver un autre argument dans l'échec de l'athéisme à susciter une civilisation : il s'agit de son impuissance à créer un art digne de ce nom. En effet, la création artistique suppose toujours une inspiration qui va au-delà de toute forme de matérialisme, quoi qu'il en soit des affirmations contraires de certains artistes, proclamées soit par conformisme, soit par inconscience de leur propre façon de faire. L'art travaille certes dans le sensible ; il s'appuie sur des sons, des couleurs, des signifiants divers dans les langues pour la poésie ou la littérature, de la pierre ou des métaux, mais c'est toujours pour les ordonner à plus grand qu'eux. La couleur, oui, mais en tant qu'elle suggère autre chose qu'elle-même : et il est à peine besoin d'évoquer le ciel étoilé de Van Gogh ou les plantureuses

Flamandes de Rubens pour se convaincre que tous visent à travers la nuée obscure ou la chair appétissante bien autre chose qu'une plate description de ce qui est là... Finalement, le mystère des choses, une profondeur du sensible qu'un regard superficiel ou utilitariste ne soupçonne pas. Nous avons donc besoin des artistes pour nous ouvrir à ces dimensions inaperçues du réel. Et si les arts sont contestataires, ce n'est pas au sens banal trop souvent évoqué d'un non-conformisme, mais c'est parce qu'ils bousculent nos regards habitués, fatigués, finalement aveugles ou myopes. Ils lavent nos esprits des routines qui banalisent le réel et lui font perdre sa mystérieuse profondeur.

Or, les arts inspirés par les athéismes d'État se sont révélés d'une indigence remarquable sur tous ces aspects pourtant fondamentaux. Je connus en faculté des lettres un professeur d'esthétique, communiste et par ailleurs homme de goût, qui tentait de faire admirer à ses étudiants la peinture d'André Fougeron[1], c'est-à-dire ce que le réalisme dit socialiste a de plus plat et de plus pauvre. Mais comme il parlait aussi de Beethoven avec une rare subtilité, la comparaison effaçait la propagande forcée et ne trompait à peu près personne. Le stalinien qu'il

1. Peintre communiste (1913-1998), toujours aligné sur les positions du PCF.

était se croyait tenu de plaider pour sa secte, mais son admiration pour la musique la plus classique contredisait la doctrine du Parti. Et que dire, par exemple et plus largement, de l'architecture inhumaine et laide engendrée au nom de cet athéisme d'État ? Par exemple, la froide et inhumaine Staline Allee à Berlin-Est ou l'horrible et grotesque Palais érigé par le dictateur Ceausescu (le « génie des Carpates », comme il se dénommait modestement), au centre de Bucarest, édifié après avoir rasé les quartiers historiques de la capitale roumaine ou dissimulé les charmantes petites églises orthodoxes derrière de lourds immeubles staliniens. On n'en finirait pas de démontrer l'incompatibilité entre athéisme (d'État) et recherche du beau... Et d'ailleurs, on peut s'épargner d'évoquer l'architecture inspirée par le nazisme ou le fascisme mussolinien où la lourdeur écrasante des formes disait assez la volonté d'écrasement des masses. Les athéismes d'État sont frères.

Car, c'est un fait, l'art de construire un quartier ou une ville, pour ne retenir que l'exemple de l'architecture urbaine, en dit énormément sur la conception qu'on se fait de l'humanité : un troupeau à parquer ou des êtres humains à faire vivre (bien) ensemble ? Une ville marquée par la volonté de domination ou par l'ouverture à une respiration transcendante, à une gratuité signifiée sur les marchés publics ou les lieux d'échange, comme le sont nos cathédrales ou les modestes églises de villages, plantées au milieu des villes pour en faire autre chose que des lieux de transactions ou de « parcs humains », pour parler comme Sloterdijk ? Elles sont les témoins splendides de cette idée que l'homme ne vit pas seulement de pain, mais aussi d'une beauté qui le nourrit et donne sens à son existence la plus banale en la transfigurant.

Dans un autre domaine, le théâtre de Brecht, génial par bien des côtés, n'échappe pas à un catéchisme assez bêtifiant où le spectateur sait dès le départ qui sont les bons (prolétaires) à ne pas confondre avec les méchants (bourgeois capitalistes)[1]. Ce qui enlève toute subtilité et mystère aux personnages, réduits à des « fonctions » édifiantes. Et qui ignore les entraves mises aux artistes par les pouvoirs communistes, poursuivis et persécutés par des fonctionnaires incompétents, mais « à la botte[2] » ? Qu'on songe aux musiciens ou écrivains russes (soviétiques) dont les meilleurs

1. On ne met pas sur le même plan l'admirable *Mère Courage* et le prêchi-prêcha de *Jeanne des abattoirs* où un catéchisme communiste primaire s'étale sans vergogne. Roland Barthes, maoïste mondain, admirait ce théâtre qui, selon lui, n'imposait rien au spectateur.

2. Impossible de ne pas noter le parallèle avec le nazisme qui condamna l'« art dégénéré » et édifia des œuvres pontifiantes, faites pour écraser par leur masse le public, et donc pour le soumettre. Ainsi de l'architecture de Speer.

durent s'enfuir ou subir les foudres d'un dirigeant capricieux imposant son mauvais goût, c'est-à-dire prétendument la ligne prolétarienne sous le diktat de fonctionnaires dociles et bornés[1].

À l'inverse, on pourrait chanter la grandeur et la sublimité des arts inspirés par les religions[2], et l'on s'en tient ici au catholicisme romain, sans exclure bien d'autres productions artistiques remarquables sous l'inspiration d'autres croyances. Leurs auteurs, par exemple au moment de la Renaissance, ne brillaient pas par leurs vertus personnelles, ni parfois par leurs croyances dogmatiques, mais ils baignaient dans une culture qui imprégnait leur art; ils n'obéissaient ni à des injonctions extérieures, ni à des règlements administratifs, encore moins se soumettaient-ils à la ligne du Parti, mais à leur inspiration propre[3]. Qu'on pense au Caravage ou à Michel-Ange dont on ne songerait pas à attribuer

1. L'admirable collection des Morozov, exposée à la Fondation Vuitton fin 2021, a miraculeusement échappé, dit-on, à une destruction exigée par Staline.
2. Mais il ne manque pas non plus d'artistes se revendiquant « athées » ou « matérialistes », capables de transcender leur position intellectuelle et de créer des œuvres inspirantes : du Corbusier avec ses remarquables chapelles catholiques, à la poésie de tant d'autres (Jaccottet, Char...).
3. Même si l'Église veillait à interdire des représentations trop légères que les peintres ou les artistes savaient d'ailleurs très bien « tourner » ou ignorer...

des prix de vertu à leur personne! Et pourtant... Une telle inspiration transcendante habite subtilement et silencieusement leurs œuvres; et on le découvre aussi bien dans les petites églises baroques de Bavière, avec leur délicatesse et leur simplicité, que dans les temples imposants de Saint-Pierre de Rome, le baroque portugais ou brésilien, ou dans nos cathédrales gothiques. Le plus étrange, d'ailleurs, est qu'un tel art inspiré par la transcendance touche non par ses démonstrations explicites (tel est le risque de l'art dit sulpicien, et par certains côtés de l'art baroque), non par ses affirmations dogmatiques de foi ou de morale, mais par sa beauté même: c'est elle qui parle ou fait signe. Rien de plus, car le transcendant ou le divin n'a pas besoin pour se faire pressentir de signes lourds, de discours apologétiques: il se laisse suggérer. Ici encore, pour dire les choses autrement, l'esprit commande à la matière et l'ordonne pour lui faire livrer un message que ne lisent que ceux qui ont des oreilles pour entendre et des yeux pour voir.

Or, l'impuissance de l'athéisme à être fédérateur d'une vie commune ou créatrice de beautés artistiques peut suggérer pourquoi tant d'auteurs ont cru qu'aucune société ne pouvait durer sans l'appui d'une religion. Certains l'ont fait en réaction aux prétentions de révolutionnaires en 1789, comme Joseph de Maistre ou Louis de Bonald. À leurs yeux, on ne peut rien construire sur le néant (entendre sur l'athéisme) : seule une religion comme le christianisme peut fournir une base stable, ferme et pérenne à des institutions sociales qui, par nature, restent fragiles, contestées ou transitoires[1]. Il faudrait donc donner une base religieuse aux institutions politiques, position nullement démodée, puisqu'on l'a vu ressurgir au moment du projet de Constitution européenne (Traité de Lisbonne) et qu'elle a suscité un vif débat sur les « racines chrétiennes » de l'Europe. Certes, en ce cas, il s'agissait moins de « pérenniser », ou de « diviniser » cette construction juridique, pour parler comme Joseph de Maistre, mais de rappeler une généalogie, une origine, et aux yeux de beaucoup une référence toujours vivante et féconde. Mais la parenté d'inspiration saute aux yeux : sans base religieuse, quelle fermeté assurer à une construction humaine ? Même Émile Durkheim reconnaissait le pouvoir fédérateur de la religion pour une société digne de l'homme au point d'y voir le socle de tout regroupement humain de quelque dimension.

Mais on pressent l'ambiguïté : certains voulaient introduire dans le texte constitutionnel européen

1. Joseph DE MAISTRE, *Considérations sur la France*, PUF, coll. « Quadrige », Paris, 1989 : « Toutes les institutions humaines reposent sur une idée religieuse, ou ne font que passer. Elles sont fortes et durables à mesure qu'elles sont divinisées, s'il est permis de parler ainsi » (ch. 5, p. 133).

la mention d'une adhésion de l'Europe aux traditions religieuses, voire même à Dieu, comme si une mention littérale, un mot, garantissait une quelconque pérennité, non seulement aux textes constitutionnels, mais surtout aux sociétés qu'ils sont censés encadrer! L'illusion ici tient dans un formalisme qui confond la citation verbale avec un souffle vivant qui aide des libertés à se fédérer, et la justice à imprégner les institutions et les mœurs; en bref, on substitue le superficiel au réel, la mention littérale à l'inspiration évangélique, la lettre à l'esprit. Il n'en reste pas moins que, sous les pièges, se trouve quelque vérité: comment une société vivante peut-elle se passer d'une inspiration qui l'ouvre à autre chose qu'à sa propre organisation, ou laisser béant en elle-même un vide, pour parler ici comme Claude Lefort, qui la prévient de se clore sur elle-même et de se croire toute-puissante? Dans une sorte d'idolâtrie d'elle-même, idole qui comme toute idole réclame le sacrifice et le dévouement total, donc la mort.

On retrouve d'ailleurs, à travers cette évocation de la religion comme lien social, la position d'Émile Durkheim pour qui, au fond, société et religion s'appellent mutuellement: il n'est pas de société sans religion, de même que la religion constitue un lien social fort, et à la limite c'est la société qui est religion, puisqu'elle relie les humains les uns aux autres. Cette assimilation constitue aussi la source du refus du terme même de « religion » de la part de certains théologiens, reproduisant, sans toujours en être conscients, la thèse de Durkheim ; à leurs yeux, et non sans raison, si religion veut dire « lien social », elle n'est plus alors qu'un système de légitimation ou d'assurance confortant une société dans sa constitution présente ; elle « sert » au renforcement purement séculier des relations sociales, quelle que soit par ailleurs la vérité religieuse qui, finalement, importe moins que la fonction que les religions assurent : garantir et fonder le lien social. Les religions deviennent dès lors des phénomènes sociaux utiles, perdant ainsi leur portée proprement religieuse, mais soudant des sociétés qui, sans elles, risqueraient d'être vouées à l'anomie ou à la dissolution, donc à leur disparition. En quoi le sociologue reprend, en d'autres termes, les thèses des traditionalistes comme Louis de Bonald ou Joseph de Maistre... Mais c'est alors la thèse d'Émile Durkheim qu'il faut contester, puisqu'elle confond deux registres de réalité, le sociologique et le religieux, critique qui permet de délivrer la religion d'une interprétation qui en exténue la portée et le sens, comme elle ôte à la société (au singulier) une vertu qu'elle n'a pas, pour la bonne raison que toute société est un tissu de dialectiques qui s'entrecroisent et se combinent en s'opposant[1]. Car il ne faudrait pas que, sous prétexte de prendre distance par rapport à la thèse du sociologue (religion signifie lien social), on écarte ou on dévalorise le terme de religion, par exemple au profit de celui de « foi », terme censé être plus spécifique et moins entaché d'ambiguïté. Mais est-ce si sûr ?

1. On fait allusion ici aux dialectiques qui tissent la société, magnifiquement mises en valeur dans l'œuvre de Gaston Fessard, qui va jusqu'à parler du « mystère de la société ».

3

Foi contre religion ?

Athéisme et spiritualité

Il devrait être entendu que l'athéisme, s'il est possible d'adopter réellement cette attitude (ce qu'ont mis en doute les pages précédentes), n'équivaut pas à un matérialisme valorisant les réalités terrestres, rabaissant l'esprit à un épiphénomène cérébral ou social, favorisant les passions et l'immoralisme. On entend même de nos jours la revendication d'une *spiritualité athée* ou purement *laïque*. Par là, on laisse entendre qu'on peut bien ne professer aucune religion établie, qu'on peut n'adhérer à aucune croyance religieuse et à aucune dogmatique véhiculée par des révélations, et cependant vivre une vie spirituelle réelle. Il n'y aurait donc aucune incompatibilité entre athéisme (ou refus de tout univers religieux proprement dit) et spiritualité. À cet égard, et pour ne prendre qu'un exemple parmi bien d'autres, André Comte-Sponville peut illustrer un cas tout à fait caractéristique et proposer une perspective argumentée[1]. S'étant détourné d'un christianisme qui, à le lire, semble avoir été un déisme assez vague ou une référence à un dieu utile, il ne se reconnaît pas dans l'agnosticisme, mais il adhère à une vie qui se suffit à elle-même, qui le comble par sa beauté et sa plénitude, bannissant ainsi toute forme d'espérance trompeuse qui détourne de l'action. D'où cette déclaration forte : « Je ne *sais* pas si Dieu existe, mais je sais que je *crois* qu'il n'existe pas[2]. » Dans ce subjectivisme assumé, il devient possible de s'ouvrir à ce qu'il ne craint pas d'appeler une expérience « mystique[3] », donc à une « spiritualité ».

Toute la question est de savoir ce qu'on met sous le mot de « spiritualité ». Si l'on entend par là une vie de l'esprit, c'est-à-dire de la réflexion, de la pensée, de la prise de distance réfléchie par rapport aux phénomènes de la vie, une certaine intériorité, il va de soi qu'aucun être humain ne peut ignorer une telle dimension de son existence. À moins d'être un robot qui répète un programme qu'on lui a inculqué, ou une fourmi qui agit par instinct et non par réflexion, une telle vie « spirituelle » est le

1. Cf. André Comte-Sponville, *L'esprit de l'athéisme. Introduction à une spiritualité sans Dieu*, Albin Michel, Paris, 2006.
2. *Ibid.*, p. 86.
3. *Ibid.*, p. 166.

partage commun de l'humanité. Cette vie peut être plus ou moins bien cultivée, entretenue, vivante et riche, dans la mesure où l'on prend soin de la « nourrir » comme on nourrit son corps, par la lecture, la fréquentation des arts, l'ouverture aux sciences, le commerce avec autrui, la contemplation de la nature, la réflexion personnelle, bref par la culture qui peut et doit varier selon les personnes, ses goûts et ses aptitudes. Se cultiver soi-même fait de l'homme un être qui a à se construire et à travailler sur lui-même. D'où son éducation extraordinairement longue et difficile. En ce sens, une telle vie spirituelle n'est pas plus athée ou laïque que religieuse ou chrétienne ; elle est partie constitutive de l'humanité même de l'homme. Et comme toute vie, on peut la rendre plus vivante ou la laisser se dépérir, voire même l'éteindre. On devient alors la bête de somme que visait Hannah Arendt quand elle parlait de « l'animal *laborans* », et nul doute malheureusement que tel soit le sort de beaucoup qui s'abandonnent au conformisme, au laisser-aller, bref qui oublient qu'ils ont une « âme » et qui se noient dans les vanités de toutes sortes. Un homme sans vie spirituelle, prise en ce sens-là, devient un robot prêt à se soumettre à tous les impératifs d'autorités abusives, comme on l'a vu dans les totalitarismes nazis ou bolcheviques, comme on le constate aussi malheureusement dans les emprises subies dans les

Églises ou les mouvements charismatiques[1]. C'est pourquoi on ne peut que s'étonner de la platitude de l'affirmation de Comte-Sponville : « Qu'est-ce que la spiritualité ? C'est la vie de l'esprit[2]. » Platitude ou évidence ? En tout cas, pas une spiritualité proprement dite.

Car la spiritualité dont il est question dans les religions est bien autre chose de plus fondamental et de plus aventureux. Il faut même parler alors des spiritualités au pluriel, car elles indiquent des chemins et des voies diverses pour s'ouvrir au divin et avancer sur des chemins difficiles. Ce sont des « écoles » avec enseignements, directives, conseils et conseillers, règles de prudence et de savoir-faire. Si l'on s'en tient au catholicisme, on y trouve diverses voies ou écoles fort différentes les unes des autres : celle qu'ouvre saint Benoît n'est pas en tous points semblable à celle de saint Bernard, et Ignace de Loyola a tracé des chemins dans ses *Exercices spirituels* qui ne sont pas non plus ceux de ce qu'on appelle l'École française chez Bérulle, par exemple. Il s'agit alors d'écoles de spiritualité qui proposent

1. Voir à cet égard le livre bien documenté et non polémique de Céline Hoyeau, *La trahison des pères*, Bayard, Paris, 2021, sur les abus commis par certains fondateurs de communautés dites nouvelles.
2. André Comte-Sponville, *L'esprit de l'athéisme. Introduction à une spiritualité sans Dieu*, *op. cit.*, p. 146.

des méthodes de méditation et même des codes de conduite, « des guides indispensables pour les fidèles[1] », en même temps qu'elles invitent leurs adeptes à s'ouvrir aux conseils de « directeurs » de conscience, selon une expression peu heureuse, puisqu'il s'agit plutôt de conseillers ou de sages, de vis-à-vis fraternels. Cette formule désigne pourtant ceux qu'on trouve aussi dans d'autres traditions religieuses, par exemple dans le bouddhisme ou l'hindouisme; il s'agit de maîtres spirituels, de sages qui ont l'expérience, ou sont censés l'avoir, concernant une démarche qui suppose une conduite méthodique, non un enthousiasme sentimental pour la beauté des choses ou pour le mystère de la nature. Nullement pour une vie « comblante », puisqu'il s'agit au contraire de creuser le désir et garder en soi le manque[2], donc, en un sens, « s'oublier soi-même ».

C'est que la vie spirituelle, en ce sens fort et authentique, n'est pas une aventure banale et sans risques. Ceux qu'on a évoqués plus haut n'ont

1. Selon les termes du *Catéchisme de l'Église catholique*, Mame/Plon, Paris, 1992, § 2684.
2. Faut-il distinguer « spiritualité » et « mystique »? Le débat est ouvert et difficile à trancher. On assimilera ici les deux termes, toute spiritualité ouvrant à une « union toujours plus intime avec le Christ », ce qui définit une « mystique », selon le *Catéchisme de l'Église catholique*, *op. cit.*, § 2014.

certes pas lu Freud et ignorent tout de la psychanalyse. Et pourtant, ils ont découvert qu'on n'ouvre pas la boîte de Pandore de l'intériorité ou de la recherche d'un Absolu sans rencontrer aussi des épreuves redoutables, frôler des abîmes où l'on peut se perdre. Laissé à lui-même, l'aventurier risque bien, soit de se décourager, soit de renoncer, soit de se laisser emporter par le pire qu'il découvre aussi en lui. On est donc loin de la spiritualité pauvre, prônée par Comte-Sponville, ou de ces états d'âme assez naïfs, peu instruits des risques de toute vie spirituelle authentique. Au lieu de regarder de haut ces écoles spirituelles, nos « spirituels laïcs » feraient bien de ne pas jouer aux gourous inconscients, à moins que ce genre de spiritualité ne soit qu'un jeu ou une provocation gratuite qui n'engage réellement à rien. Un défi un peu adolescent pour montrer qu'« on » peut faire aussi bien que les religions, donc qu'on peut s'en passer. À moins, encore, qu'il s'agisse simplement de se sentir à l'aise « dans ses pompes », bien dans sa peau... Ici encore, un discernement des esprits évite de verser dans les pièges de petits maîtres trompeurs ou dans le sentimentalisme.

Il faut aussi constater que la quête dite spirituelle devient de nos jours un phénomène collectif qui va bien au-delà de quelques personnalités médiatiques. La suspicion envers les institutions religieuses, qui d'ailleurs porte aussi sur les institutions en général, politiques en particulier, détourne de la confiance traditionnelle envers les Églises ou les confessions religieuses reconnues. On assiste en conséquence à l'expansion de ceux qu'on appelle désormais des « alter-croyants », qui ordonnent leur quête hors chemins balisés et hors institutions[1]. Selon la formule, ceux-là sont censés croire, mais « autrement », sans qu'on précise la nature et le contenu d'une telle croyance. Mais ici encore, « la volonté de croyance » est dominante, selon le si prémonitoire pressentiment de Nietzsche[2]. Ces « alter-croyants » ne s'en confient pas moins, souvent pour le pire, à des gourous qui les entraînent sur des chemins (souvent payants !) à l'allure d'impasse, psychologiquement dramatique. Ainsi voit-on se développer des tendances *new age*, un « néochamanisme » aussi, ce qu'il faut bien appeler des sectes qui prétendent ouvrir leurs membres à des expériences subjectivement comblantes[3]. Mais toujours à la condition d'obéir aux injonctions d'un gourou…

1. Voir les dernières publications et rapports de la MIVILUDES (Mission interministérielle de vigilance et de lutte contre les dérives sectaires). Instance désormais (depuis mars 2020) rattachée au ministère de l'Intérieur, mais qui ne disparaît pas (*JO Sénat* du 12/03/2020, p. 1282).
2. Friedrich Nietzsche, *Le gai savoir*, *op. cit.*, § 347, « Les croyants et leur besoin de croyance ».
3. Selon le magazine *La Vie* du 9 septembre 2021, n° 3967, p. 30-31, même les sorcières seraient de retour… Faut-il parler de

Or, quand on lit les expériences d'impressionnants mystiques comme Jean de la Croix ou Thérèse de Lisieux, Suso ou Maître Eckhart, on remarque à quel point leur vie spirituelle fut une aventure rugueuse, et parfois un enfer… Ce n'est sans doute pas pour rien que Dante Alighieri, dans *La divine comédie*, traverse enfer et purgatoire avant de parvenir au paradis ! Il savait que pour rencontrer Bérénice la bien-aimée et pour s'ouvrir à la Lumière sous la tutelle de saint Bernard, il fallait descendre dans quelques lieux peu accueillants, traverser les cercles glacés de l'enfer, désespérer même de pouvoir s'en sortir seul, d'où la présence rassurante de Virgile, le guide païen. Mais le moderne croit pouvoir se dispenser des sagesses immémoriales, parvenir d'un coup au paradis, ou à ce bonheur comblant qui semble satisfaire les spiritualités dites laïques, mais qui en fait n'émancipent pas le sujet individuel de lui-même, et tout au contraire semble le satisfaire, donc le clore sur lui-même, ou le livrer à des maîtres auto-institués. L'exact contraire d'une spiritualité ou d'une mystique proprement dites. Comment ignorer à quel point on verse alors dans la banalité ou on en reste à la superficialité du sentimentalisme ? Comment ignorer aussi que l'on risque de sombrer dans des abîmes psychologiques et de s'y perdre ?

« croyance » ou de « crédulité » ?

Les vraies spiritualités, parce qu'éprouvées par de longues pratiques traditionnelles, donc vérifiées par elles, ne sont donc pas du subjectivisme émotionnel : elles ouvrent des manières d'être fidèles au Christ. Et ces manières d'être sont elles-mêmes diverses. Il faut donc se méfier à cet égard des appels à l'unité dans l'Église, sans doute nécessaires car l'objectif visé est l'« imitation du Christ », mais qui risquent de minimiser l'importance des « charismes », donc des façons de comprendre et de vivre une telle imitation. Celle-ci n'est pas littérale, comme le crut par exemple Ignace de Loyola, souhaitant, à une époque de son parcours, mettre ses pas dans les traces de Jésus prétendument laissées sur le sol de Palestine… L'homme des *Exercices* comprit heureusement très vite que c'est dans l'Esprit qu'on peut être fidèle au Christ, non dans la vaine recherche de la lettre ou de la littéralité de son passage en Palestine ; il comprit aussi et surtout que l'Esprit souffle à partir d'humanités singulières et concrètes, chacune d'entre elles ayant à répondre des « talents » qui lui ont été remis et qui diffèrent grandement les uns des autres, pour former un Corps du Christ différencié et harmonieux dans une diversité insurmontable.

Si donc une spiritualité authentique assume une humanité singulière, elle ne peut pas se mesurer à une norme quelconque, identique pour tous, qui éradiquerait ce qu'une telle démarche a de propre ; c'est parce qu'une telle prise en compte est singulière et risquée, que toute spiritualité suppose un accompagnement, c'est-à-dire appelle un regard éventuellement critique, vigilant, mais encourageant sur des voies difficiles et rarement « comblantes », comblement qui est la marque même d'un bonheur illusoire ou d'un narcissisme affirmé. Tout au contraire, une spiritualité authentique creuse le désir, et donc est fort loin de « combler » celui qui s'avance dans cette aventure. On pourrait même dire que celui qui se croit comblé est à l'évidence sur une mauvaise route : il se satisfait de lui-même et de ses impressions, il tourne sur lui-même, bien loin de s'ouvrir à l'Autre, quelque nom qu'on lui donne…

Car toute spiritualité authentique appelle au renoncement, à la sortie de soi, à l'oubli de l'immédiat obsédant pour s'ouvrir au Tout Autre, bref à la conversion. Or, se convertir implique bel et bien qu'on ne cherche en aucune façon un quelconque rassasiement, mais que, tout à l'inverse, on tente de « s'oublier », de se décentrer, condition d'ailleurs pour découvrir à quel point une telle pauvreté peut aboutir, non à la satisfaction béate, mais à la joie, réalité si rare et si indicible qu'on ne peut l'évoquer qu'en l'effleurant, non en l'envisageant comme un « état » durable, stable et satisfaisant. Donc comme un don ou une grâce imméritée, qu'on accueille dans la reconnaissance devant ce qui arrive sans qu'on l'ait explicitement cherché.

Un parallèle en théologie ?

Au fond, le recours à une spiritualité dite « laïque » chez certains athées ou agnostiques vise une pureté et une simplicité que ne semble pas fournir, à leurs yeux, la fidélité à une religion. Une telle spiritualité se dispense de dogmes, donc de croyances supposées arbitraires ou imposées ; elle évite les démonstrations cultuelles qui peuvent cacher hypocrisie et conformisme ; elle suppose une démarche personnelle propre, délestée du poids des pratiques religieuses ; elle est un chemin qu'on se donne à soi-même. Elle croit éviter ces impositions extérieures et hétéronomes, ces « extériorités radicales » des « faits de religion » qui paraissent tant effrayer Luc Ferry[1]. Elle est particulièrement attirante en un temps où l'individu a tendance à se croire souverain et libéré des entraves collectives ou communautaires. On pense pouvoir « se sauver » seul, hors institutions

1. Luc Ferry, *L'homme-dieu ou la terre de la vie*, *op. cit.*, p. 76.

ecclésiales, voire même hors institutions sociales… Triomphe de l'individu qui se considère comme souverain, et souverainement libre, comme toute une idéologie « moderne » l'en persuade !

Or, ne pourrait-on pas retrouver une attitude analogue chez certains chrétiens – ou certains théologiens en particulier – quand, critiquant la religion ramenée à un lien social ou à une pratique impersonnelle, donc trahie dans son essence même, ils proposent de parler de foi (ou d'Évangile) plutôt que de religion. Ciment social, la « religion », à leurs yeux, a perdu son caractère propre : elle est un lien social ou *le* lien social, donc elle est ramenée à une fonction purement sociologique ; elle est politiquement ou socialement utile, soudant ainsi les diversités sous une tutelle respectable et sacrée. Elle sacralise le social en perdant son caractère propre.

Une autre version de la même tendance se manifeste à travers la volonté de revenir aux origines, pour retrouver la fraîcheur ou la radicalité évangélique, supposée perdue au long de l'histoire[1], comme si ce retour aux sources était réellement possible,

1. Parmi bien des exemples, on peut citer l'ouvrage de Bruno Mori, *Pour un christianisme sans religion. Retrouver la « Voie » de Jésus de Nazareth*, Karthala, Paris, 2021. Comme ailleurs, ici le « constantinisme » est le grand accusé de la déviation par rapport aux origines. Autre thème que nous n'aborderons pas ici, car il a été maintes fois discuté.

comme si l'on pouvait enjamber les siècles, comme si, surtout, les dites sources étaient assurément pures, indemnes de toute contamination culturelle. Et d'ailleurs, comme on l'a dit, le christianisme comme religion seconde est déjà dépendant d'une autre source que soi, donc déjà « contaminé » par le judaïsme, lui-même pétri d'influences grecques comme on le voit dans la littérature sapientielle (« Livres de la Sagesse », dits « les Sapientiaux » entre autres). Ici encore, la tentation du marcionisme qui consiste à chercher un Évangile délesté de tout antécédent n'est pas loin[1]. Et celui qui y cède ne peut qu'aboutir à la déception : découvrir l'impureté de la source prétendue pure.

Cette tendance fut particulièrement forte dans certains courants de la théologie libérale dans le protestantisme, même si l'argumentaire relevait davantage du domaine des religions que de celui de la sociologie : tel fut le cas de ce qu'on peut appeler le « premier » Karl Barth pour qui la « religion » en tant que telle n'était qu'une permanence néfaste du paganisme, donc une trahison de la foi authentique en la parole de Dieu[2]. La *sola fide*

1. Comme on peut le pressentir, ces prétendus retours à la pureté primitive peuvent alimenter un dangereux antisémitisme. Sous la bonne volonté, des dérives graves.

2. L'immense théologien que fut Karl Barth a très heureusement désavoué ses tendances premières ; il figure parmi les grandes figures

luthérienne a trouvé là une expression remarquable. Avec toutes les conséquences pour l'évangélisation, puisque les pratiques religieuses des peuples dits « indigènes », ou leurs mœurs, ont été ainsi assimilées à des cultes païens, voire diaboliques, qu'il fallait repousser et éradiquer pour y substituer la vraie foi[1]. Nietzsche lui-même a rencontré un tel libéralisme dans la position d'un David Friedrich Strauss[2], durement critiqué dans la *Première considération intempestive* pour avoir tenté de substituer à la tradition chrétienne une « nouvelle foi », qui n'était en réalité qu'une construction subjective et propre à celui qui la professe. Une telle foi se croit pure, elle n'est en réalité que celle de « l'homme moderne », dit Nietzsche, c'est-à-dire celle du « dernier homme » que décrit *Ainsi parlait Zarathoustra*, replié sur ses petits plaisirs et son petit bonheur, ou encore jugeant de toutes choses, dans le cas du protestantisme libéral condamnant à partir de ses propres principes ou préjugés théologiques. Ce

---

de la théologie « réformée » du XXe siècle.

1. Ces options missionnaires ont malheureusement aussi prospéré dans le catholicisme, comme on le voit par exemple en Colombie-Britannique (Canada) avec le scandale d'orphelinats où des enfants des « premiers peuples » furent proprement « déculturés » pour en faire des chrétiens (juin 2021). Ce cas ne fut pas le seul.

2. David Friedrich STRAUSS, *Vie de Jésus et L'ancienne et la nouvelle foi* (1835), tr. fr. par Ernest Lesigne, chez Schleicher, Paris, sans date.

qui correspond assez bien au bonheur qui comble Comte-Sponville: «paraître toujours heureux» et se persuader qu'on l'est à force de le paraître, voilà le cynisme[1], celui de la «satisfaction béate[2]», typique du «moderne» qui, en se scrutant soi-même, croit toucher à l'absolu... Et sans doute alors ne fait-il que «croire en l'incroyable» (*Glauben an den Unglauben*, selon l'expression nietzschéenne dans *Le gai savoir*, § 347).

Plus sérieusement toutefois, la critique du concept de religion et sa substitution par celui de foi repose sur des *a priori* plus solides. Les théologiens qui s'engagent dans une telle démarche visent en effet d'abord à une purification de l'attitude religieuse: celle-ci serait grevée d'impuretés et d'ambiguïtés par l'adhésion à une religion instituée, qui s'imposerait à la libre adhésion du croyant; elle entraînerait une compromission avec des institutions ecclésiales qui, au cours des temps, n'ont pas eu de scrupule à verser dans la violence ou à exercer des pressions de toutes sortes pour contraindre les peuples à la «vraie» foi. En outre, les pratiques religieuses populaires portent avec elles toutes sortes de superstitions qui polluent un authentique rapport à

1. Friedrich NIETZSCHE, *Aurore*, Folio, coll. «Essais», Paris, 1989, § 367.
2. Friedrich NIETZSCHE, *Deuxième considération intempestive*, Gallimard, Paris, 2009, § 9.

Dieu : il convient donc de se détourner de comportements qui, finalement, nuisent au rayonnement de la foi, ou la ridiculisent aux yeux de beaucoup. Il faut en quelque sorte sauver la foi de ses compromissions « religieuses » qui la défigurent.

À quoi s'ajoute un autre argument : la pratique religieuse courante et habituelle risque de se dispenser de verser dans le conformisme et le grégarisme ; on laisse croire qu'un comportement socialement réglé (fréquenter un pèlerinage, déposer un cierge à l'église, solliciter ces indulgences qui irritaient tant Luther, pratiquer le culte des saints, s'afficher à la messe...) suffirait à combler une vie de foi personnelle et vécue. En bref, on ne serait alors pas loin de ce « pharisaïsme » qui est l'adversaire constant de Jésus dans les Évangiles : on s'exhibe en public, mais on n'est que cymbale retentissante, cette fois pour parler comme saint Paul. Belle et illusoire surface dissimilant un vide, ou cachant le pire en turpitudes et en vices de toutes sortes !

Or, le message évangélique exige tout autre chose que ces compromissions faciles, en engageant toute la vie dans le don de soi et la pratique de la justice envers le prochain. Et cette radicalité est bien autre chose que des gestes extérieurs ambiguës. En se croyant conforme, on trahit alors la foi en ses exigences les plus radicales. Ce faisant, non seulement on méconnaît la radicalité du message du Christ, mais on en donne une image déformée, on dilue dans des pratiques extérieures la spécificité du christianisme. Celui-ci n'est pas une religion ordinaire, il n'est même pas du tout une religion, puisque Jésus dans sa pratique et son enseignement va bien au-delà des exigences de gestes rituels: secourir autrui, guérir les maladies de toutes sortes qui affectent l'humanité, se porter au-devant des misères de l'étranger ou de quiconque par-delà le «proche», voilà qui éloigne certainement des gestes confortables et «mesurables» des religions traditionnelles.

Et si Jésus n'a pas contesté les pratiques juives de son temps, tout en les transgressant[1], on voit bien que l'essentiel à ses yeux consistait beaucoup plus dans l'attention aux plus pauvres et aux laissés-pour-compte, d'ailleurs dans la grande ligne des prophètes hébreux comme Isaïe ou Jérémie. Il invitait à une religion en «esprit et en vérité», qui n'a pas d'assise en un lieu ou en un temple circonscrit. Il chasse d'ailleurs les vendeurs du Temple qui font commerce de la crédulité populaire et souillent la demeure de Dieu. Jésus ne se reconnaîtrait

1. Comme on le voit quand Jésus, invité chez un pharisien, ne fait pas l'ablution rituelle avant le repas (Lc 11, 37-41), au grand scandale de son hôte.

nullement dans l'approche d'Émile Durkheim pour qui « religion » signifiait « lien social », renforcement de la société, unification (factice) de la diversité sociologique. Donc fiction nécessaire et utile, mais purement immanente. Il ne se reconnaîtrait sûrement pas non plus dans une foi seule déliée de la charité et de la justice : au Jugement dernier, tel qu'il est figuré dans l'Évangile selon saint Mathieu (ch. 25, 31-46), les hommes sont jugés non sur leur foi, mais sur leurs rapports au prochain[1]. Et ceci à la stupeur des protagonistes de cet épisode, comme d'ailleurs à la nôtre. Le Roi de gloire ne juge pas sur le comportement religieux ou sur la foi, mais sur le rapport au prochain, et au prochain en détresse (prisonnier, affamé, malade, étranger...).

De plus, le côté tranchant et « révolutionnaire » du message évangélique s'accommode mal des lourdeurs des institutions et des compromissions politiques que les religions ont souvent impliquées. La foi vécue et personnelle assume le retrait par rapport au « monde » en engageant dans une quête de Dieu délestée des ambiguïtés d'une inscription dans l'espace public commun, banalisant au profit du « on »

1. Dante excluant Virgile, son guide, du salut, donc du paradis (*La divine comédie, Le purgatoire*, chant VII, v. 6), « pour n'avoir pas la foi », n'est guère fidèle au message évangélique, pas plus qu'à saint Augustin qui admet que des non-chrétiens puissent être « sauvés », alors que des gens appartenant à l'Église ne le sont peut-être pas.

(Heidegger) ce qui relève d'une démarche personnelle incommensurable à ce qu'« on » peut en voir et en apprécier. C'est d'ailleurs pourquoi Hannah Arendt a cru pouvoir caractériser le christianisme par son refus et sa méconnaissance du politique au profit de l'intériorité invisible[1] : ta main gauche doit ignorer ce que fait ta main droite, la prière suppose que tu te retires dans sa chambre la plus secrète sans t'exhiber sur les places publiques (cf. le sermon sur la montagne), donc sans ces démonstrations où celui qui y participe a déjà sa récompense, selon les propos même de Jésus.

Ces arguments ont du poids : ils appellent en effet à la vigilance ; ils éveillent l'attention sur les ambiguïtés de tout comportement religieux – mais quel comportement peut se dire « pur » et sans compromis ? La vie de foi n'est pas, en effet, un voyage tranquille, mais un combat risqué qui suppose une mobilisation permanente contre les affaissements de toutes sortes. Par là, la critique du conformisme religieux est justifiée, féconde, inéluctable, sous peine de verser dans ce que les Évangiles critiquent chez les pharisiens, non sans violence ; ceux-ci, figures d'ailleurs caricaturales et caricaturées dans les textes, chargent les autres de poids ou d'exigences

1. Hannah Arendt, *Qu'est que la politique ? « Introduction à la politique »*, Seuil, Paris, 1995, fragment 3 B, ch. 1, p. 74-77.

qu'ils ne portent pas eux-mêmes. L'homme de foi, lui, assume sa recherche de Dieu dans une aventure spirituelle qu'il se garde bien d'imposer à autrui, telle quelle. Il ne fait pas de démonstrations sur les places publiques, il recherche Dieu au plus intime de lui-même, dans ce « cœur » que personne, sauf Dieu justement, ne peut sonder. Et peut-être pas même le croyant lui-même qui sait à quel point il est illusoire de chercher à « se connaître soi-même », selon le programme socratique, si peu évangélique en effet…

On peut d'ailleurs ajouter un autre argument : parler de religion plutôt que de foi (évangélique) n'aboutit-il pas à une sorte de dissolution du propos, de banalisation et de mise à niveau par rapport à du bien connu, une identification à ce que les historiens des religions ont repéré, classé, analysé depuis longtemps ? Or, selon les partisans de la substitution du concept de foi à celui de religion, il convient de ne pas perdre la spécificité de la démarche chrétienne, et par conséquent il faut échapper à toute mise à niveau qui priverait celle-ci de son originalité. Sauvegarder le caractère propre de ce dont il s'agit serait un devoir incontournable pour le théologien chrétien. La foi pure est donc en rupture par rapport au bien connu et au labélisé ; elle comporte un élément révolutionnaire qui perturbe le calme social (ce que semble méconnaître un Durkheim) ; elle engage en des voies nouvelles qui déconcertent non seulement le commun des mortels, mais les Églises elles-mêmes qui ne semblent guère apprécier les innovateurs dérangeants : François d'Assise, partout célébré aujourd'hui, a connu des ennuis durables et quasi permanents avec les autorités romaines. Et son cas est loin d'être unique ! Les aventuriers spirituels ne font pas bon ménage avec les « fonctionnaires » du culte.

Arguments convaincants ?

Mais si forts que soient ces arguments, sont-ils pleinement convaincants ? Faut-il donc privilégier la « foi seule » en se détournant du religieux proprement dit ? Le christianisme ou l'Évangile proposerait-il un abandon des pratiques visibles et sociales au profit d'une intériorité supposée pure ? Peut-on vivre un christianisme sans Église, donc sans insertion dans une communauté qui instruit, éduque, stimule, propose des figures imitables, ouvre à des traditions de sagesse (Écritures, théologies, vies saintes), met devant ces héros dont, selon Bergson, une religion « ouverte » ne peut se passer ? Allons plus loin : la vie spirituelle qu'on a dite dangereuse, peut-elle se dispenser de « garde-fous », donc d'interlocuteurs qui vont éventuellement interroger ou discuter la démarche entreprise ? Si obstiné qu'il fut en fidélité à sa vocation, François d'Assise s'est montré docile aux avertissements des autorités, même s'il les a largement transgressés ! En tout cas, il ne s'est nullement replié sur son quant à soi, mais il a poursuivi courageusement son chemin propre. Les critiques et les objections l'ont plutôt stimulé à chercher encore et toujours à quoi Dieu l'appelait : elles l'ont donc aidé à purifier son regard et à aller de l'avant, à abandonner tel projet, mais pour en entreprendre un autre, au point même que certains historiens se demandent si lui-même était parfaitement au clair sur ses desseins[1]...

Car aux arguments pertinents qu'on a cités, on ne manquera pas d'opposer d'autres objections non moins valables. On l'a déjà suggéré plus haut : la foi seule, non instruite et non étayée sur des traditions, et donc sans insertion dans des institutions, si souples soient-elles, risque bien de n'être que sentimentalisme ou s'apparenter à ce gris dont parlait Hegel dans lequel toutes les vaches se confondent[2].

---

1. André VAUCHEZ, *François d'Assise*, Fayard, Paris, 2009.
2. Il est d'ailleurs caractéristique autant qu'inquiétant que des théologiens calvinistes, défenseurs en d'autres temps de la *sola fide*, en viennent à proposer ceci comme programme à la théologie : « est premier [pour la théologie] ce qu'il en est et peut en être de l'humain aujourd'hui, non la défense ou la validation de telle tradition,

Les expériences récentes, dans les mouvements charismatiques dits du « Renouveau », ne manquent pas de démontrer à quel point une foi seule est manipulable, alors même qu'elle proclame son indépendance envers toute forme d'imposition extérieure ou surplombante ; ici, c'est plutôt la naïveté qui surprend, et non pas une véritable sagesse ou prudence essentielle.

À quoi on ne manquera pas d'ajouter à quel point une telle « foi seule » est fragile et peut s'identifier à n'importe quelle croyance dominante, se plier à la dévotion envers toute forme de sacré impressionnant, s'aliéner à des gourous tout-puissants, parce que séduisants ou irradiants. Le risque n'est pas mince qu'une telle foi s'adonne à ces idoles, si nombreuses dans le monde, selon la vue pénétrante d'un Nietzsche ; elle risque bien par exemple de verser dans le sectarisme quand elle n'est plus régulée par une institution qui en cadre les excès. Les exemples abondent du côté de certains évangéliques pentecôtistes quand ils accréditent des séances abusives de guérison, ou

---

chrétienne par hypothèse » ; ou encore : « ce qui est premier ou principiel, l'humain et la société d'aujourd'hui », sous la plume de Pierre Gisel, in *Recherches de Science Religieuse* 9,6/4/2008, « Problèmes contemporains de la théologie », p. 518. La théologie se confondrait-elle avec la sociologie ? Le vide de la foi seule trouverait-il son contenu dans des analyses sociales ?

quand ils consacrent des politiques extrêmes dont chacun paie le prix exorbitant (États-Unis, Brésil, Irak, Afghanistan). Ces « fois » prétendument pures s'allient sans scrupule à des politiciens hasardeux qui se croient dans le vrai, parce que prédestinés par la divinité, en réalité par leurs préjugés indiscutés et qu'ils estiment indiscutables. Ainsi, ils n'engagent pas qu'eux-mêmes dans une démarche de « foi seule », mais au nom de celle-ci, ils embarquent dans des aventures mortifères beaucoup d'autres, victimes de leur folie ou de leur manque de discernement.

S'il n'en est pas toujours ainsi, on peut redouter que, paradoxalement, ces « fois » prétendues pures n'alimentent des retours du sacré, ou plutôt qu'elles fassent bon ménage avec lui. Par sacré, on entendra ici ce qui, à la différence des réalités profanes, manipulables, utilisables, produites par l'intelligence humaine, relève du domaine de l'intouchable, de l'absolument soustrait à la sphère des choses utiles. Le sacré impose donc respect, distance, voire peur et même effroi de transgresser la limite infranchissable entre réalités banales et réalités supérieures, inaccessibles à l'humanité, soustraites à la quotidienneté. Contrairement à des préjugés tenaces ou à une survalorisation des effets de la modernité ou de la sécularisation, le sacré n'a nullement disparu de nos sociétés contemporaines : il suffit de constater à quel point les vedettes, sportives notamment, suscitent l'engouement et déchaînent des passions collectives, typiques de dévotions sacrées[1]. Car il y a un lien intime entre le sacré et la violence, comme l'a bien montré l'œuvre de René Girard.

Dans les perspectives qui sont les nôtres ici, on pourrait dire que le sacré se manifeste dans le fanatisme, dont on a déjà parlé ; le fanatique ne supporte pas qu'on s'en prenne à ses propres idoles, au gourou, au « prophète » ou aux textes dits sacrés dont il refuse toute lecture critique ; il se déchaîne contre ses adversaires, comme on le constate non sans inquiétude dans les stades transformés en arènes de combats… On ne touche pas au sacré, et donc toute mise en cause de ce à quoi il tient (« volonté de vérité à tout prix »), toute critique sera assimilée à un insupportable blasphème. À la supposée violence de la critique tenue pour blasphématoire, le fanatique ou le fidèle se croira justifié

1. Ce qui est fort bien dénoncé par un amateur de football, Robert Redeker, dans *L'emprise sportive*, François Bourin, Paris, 2012. *L'Équipe* (13/08/2012) parlait des handballeurs français médaillés d'or aux jeux Olympiques de Londres comme des « immortels » ; l'un des handballeurs, Nikola Karabatic, clamait : « Maintenant on peut mourir tranquilles », sans doute assuré du salut éternel de son équipe… Les commentateurs sportifs usent et abusent du vocabulaire christique : calvaire du joueur, sauveur de l'équipe, enfer des combats, crucifixion du vaincu…

à exercer une violence légitime, comme on l'a vu dans ces foules aveugles au Pakistan ou ailleurs, s'en prenant à des caricatures qu'elles n'avaient pas nécessairement vues, voire à des croyants d'autres traditions religieuses que les leurs, des chrétiens en particulier, ou sunnites contre chiites (Irak, Afghanistan, Yémen…).

Or, le fanatisme envers ce type de sacré s'allie parfaitement à une foi prétendue pure, car celle-ci n'est pas « encadrée », éduquée par une tradition de sagesse, portée par une communauté régulatrice, ouverte à une raison qui la pondère et lui donne ses justifications capables d'être partagées, donc communiquées. Ce qui relève de la parole publique, que l'individu de la foi seule ou du sacré refusera ou dont il se croira dispensé. Or, qui dit parole publique, dit partage, obligation d'entrer dans une démarche qui rende compte de son espérance, comme le prescrit l'Épître de Pierre. Qui dit parole publique dit aussi qu'on sort de la stricte intériorité silencieuse pour se risquer à la justification devant le public. Donc qu'on transgresse la frontière du sacré et du profane, pour accepter de se situer dans le discours profane afin de justifier le sacré qui ne perdra rien à s'exposer, mais qui trouvera au contraire son régime propre dans la parole exprimée (et risquée) : celui qui est au-delà de tout langage que celui-ci, comme dans l'art le plus haut, signifie, suggère, montre du doigt sans l'imposer, mais en en indiquant la grandeur inexprimable. Le Tout Autre, invisible et indicible, ne s'est-il pas exposé en Christ à la parole humaine et aux aléas d'une histoire violente et obscure? Mais pouvait-il se révéler autrement qu'en se livrant, donc en « sortant » de lui-même?

Inévitable religion

Bien loin de chercher à opposer foi et religion, ou de survaloriser la première aux dépens de la seconde, comme l'a tenté la théologie libérale protestante ou comme il est aussi devenu courant de le faire chez certains théologiens catholiques, il faut au contraire lier intrinsèquement les deux. Une religion sans foi personnelle serait en effet une pratique desséchée, un pur conformisme sans âme; une foi sans religion instituée tomberait dans les travers que nous avons dénoncés plus haut[1]. Mais il y a plus.

1. On trouvera d'excellentes mises au point sur le concept de religion chez un auteur qui se revendique comme protestant: Henri Hatzfeld, *Naissance des dieux, devenir des hommes*, Presses universitaires de Strasbourg, Strasbourg, 2007. L'« imaginaire institué », selon son expression, que proposent les religions permet à l'homme

Toute foi religieuse se reçoit d'autrui, donc d'une chaîne de personnes ou de textes ; on ne la découvre pas par soi-même, même si une foi authentique implique un engagement personnel assumé, donc une adhésion qui engage l'existence tout entière. On en découvre l'attrait ou la beauté dans les témoignages qui ébranlent, étonnent, surprennent, bousculent, soit dans les grandes figures de la sainteté des traditions religieuses, soit dans les visages les plus familiers dont on pressent qu'ils sont animés par des convictions qui leur donnent force et courage dans la vie, soit encore dans les écrits de grandes figures intellectuelles qui convainquent de la grandeur de l'engagement religieux. Les *Confessions* d'Augustin ou les *Pensées* de Pascal, mais non moins que la poésie si bouleversante d'une Marie Noël, pourraient figurer parmi ces grands témoins qui interpellent tout lecteur de leurs œuvres. Et, bien évidemment, la liste pourrait être longue, chacun n'étant d'ailleurs pas sensible aux mêmes témoignages, ce qui est encore une preuve de l'extraordinaire diversité des voies qui conduisent à Dieu ou à l'Absolu…

---

de se construire et d'affronter l'avenir, malgré toutes les fragilités de cet imaginaire. Une force donc, non une aliénation. Moins heureux son précédent livre : *Les racines de la religion* (Le Seuil, Paris, 1993).

À cet égard, on a souvent mal interprété la thèse de Marcel Gauchet ; analysant le développement du christianisme et ses effets dans nos sociétés occidentales, il a cru pouvoir la caractériser comme « une religion de la sortie de la religion[1] » ; et en effet à très juste titre, l'historien-philosophe remarque à quel point le christianisme mine les religions traditionnelles, surtout ce qu'il appelle la « religion primitive », un fantasme chez lui, un postulat nécessaire à sa thèse globale, en fait une sorte d'héritage inconscient des théories de Durkheim ; de fait, le christianisme ne se contente pas des rites et des pratiques consacrées par les hommages rendus à la divinité, puisqu'il les relativise, on l'a vu précédemment. « Le grand retournement moderne, écrit-il, correspond au mouvement par lequel, la détermination par le dehors se défaisant, les hommes sont amenés à se poser comme autres en acte à l'égard du donné dans son ensemble, leur propre réalité comprise[2]... ». Sous le jargon, l'idée simple : le dehors – le transcendant, donc Dieu, conçu ainsi par Gauchet comme pure extériorité ! – est récusé au profit de l'homme appelé à se reconnaître lui-même comme enfant de

1. Marcel GAUCHET, *Le désenchantement du monde. Une histoire politique de la religion* (1985), Gallimard, coll. « Folio Essais », Paris, 2005, n° 466. Grand livre que la suite de son œuvre, répétitive, voire dogmatique, n'a pas vraiment honoré.
2. *Ibid.*, p. 238.

Dieu. Non un Dieu extérieur, mais un Dieu « plus intime que moi-même », pour parler comme saint Augustin, tout en n'omettant pas que, pour l'évêque d'Hippone, ce Dieu est « plus haut que moi-même ».

Une interprétation hâtive de cette thèse risque d'oublier qu'il s'agit bien toujours d'une religion, car cette religion qui sort de la religion au sens des ritualismes et des dévotions de la piété traditionnelle, ou au sens d'une adoration d'un Dieu extérieur – ce qui veut dire « transcendant » pour Gauchet, selon une approximation qu'il est étrange de rencontrer chez un intellectuel aussi avisé ! –, n'en reste pas moins une religion. Et, en effet, son message libère en vue d'ouvrir le fidèle à une religion « en esprit et en vérité[1] » où l'on n'adorera plus (seulement) dans des temples, mais où l'on honorera Dieu et le prochain du même geste qu'on s'aimera soi-même, et pas forcément dans un rituel bien réglé. Où l'on découvrira la proximité de Dieu au plus intime de soi, et donc au cœur de toute créature. La recherche de la justice, la charité active deviennent les vrais critères de cette religion d'un caractère bien particulier, car elle relativise les dévotions et les rites habituels, elle condamne même une obéissance formelle et tout extérieure aux

1. Jn, 4, 23 au cours de la rencontre avec une Samaritaine (donc non juive).

prescriptions divines, et, en effet, il est une tradition chrétienne, catholique en tout cas, qui admet parfaitement que ce n'est pas l'assistance à la messe qui sauve et plaît à Dieu, mais le véritable sacrifice spirituel, le sacrifice de soi. Ce que confirme tout à fait saint Paul dans son Épître aux Romains au chapitre 12, verset 1, lui qui expérimenta à quel point le Christ le délivra d'une obéissance servile à la Loi. Ce qu'Augustin mettra clairement au jour dans sa *Cité de Dieu*[1] : des païens qui n'ont pas connu le Christ peuvent devancer dans le Royaume des chrétiens, fréquentant les églises, mais qui l'ont trahi dans leurs actes ou leurs pensées… Et d'ailleurs, le salut, étant universel, s'étend à tous les hommes s'ils s'y ouvrent par la charité.

C'est pourquoi le même Gauchet admet que « même à supposer l'âge des religions définitivement clos, il faut bien se persuader qu'entre religiosité privée et substituts à l'expérience religieuse, nous n'en aurons jamais terminé, probablement, avec le religieux[2] ». Il faut admirer la prudence du propos, malgré l'audace du « définitivement clos », prudence qu'une actualité étonnante, voire

1. Thème présent au livre X de *La Cité de Dieu* (32, 2), mais en plusieurs autres passages d'Augustin comme la *Lettre 102 à Deogratius* (éd. Vivès, Paris, t. IV, p. 70 et 709-711).
2. Marcel Gauchet, *Le désenchantement du monde. Une histoire politique de la religion*, *op. cit.*, p. 292.

inquiétante, vient confirmer contre toutes les affirmations péremptoires de l'effacement inéluctable, non seulement du religieux, mais des religions. On pourrait d'ailleurs ironiser sur une telle prudence : qu'est-ce qu'un « religieux » sans religion ? Que serait une politique sans institutions politiques et sans un personnel politique ? Et l'on pourrait ajouter à la liste... Qu'est-ce donc qu'un « religieux » sans institutions religieuses ? Il est vrai encore, autre prudence, que quelques lignes après ce passage, Gauchet admet un « reste de religion », par exemple dans un « contenu de pensée » qui serait celui d'un « partage de la réalité », héritage qui habite « le discours philosophique dont il demeure un foyer secrètement décisif »[1]. Mais comment ne pas pressentir l'indécision sous ces formules vagues et allusives ? Le « définitivement clos » paraît donc étrangement subsister « secrètement », encore un peu « ouvert » ! Sous la délicatesse et l'élégance du propos, l'aveu presque explicite du contraire de la thèse défendue...

Ces hésitations, voire ces contradictions, montrent à quel point une pensée sociologique, marquée au coin du positivisme, a du mal à donner congé à ses préjugés, plus ou moins antireligieux. Même

1. *Ibid.*, p. 293-294. Le lecteur ne saura pas de quel « discours philosophique » il s'agit.

chez un auteur aussi intéressé par l'histoire du christianisme et capable d'en analyser superbement le développement, le préjugé reste tenace et commande « secrètement » la thèse essentielle ! De ces confusions, nous retiendrons pour notre part que, en effet, la modernité a bousculé les formes traditionnelles de la religion, et que ces bouleversements se sont d'ailleurs largement produits du fait même du christianisme : Nietzsche l'avait d'ailleurs pressenti, bien avant les thèses que nous évoquons ici. Mais cela montre plutôt la souplesse du message chrétien que son épuisement, la possibilité dont il s'est montré capable au long des âges, et selon les cultures qu'il rencontrait, de tirer du nouveau à partir de l'ancien. De ce point de vue, comme disait Nietzsche encore une fois, à propos de la mort de Dieu, il faut prendre garde à ses renaissances inattendues. Le vieux Dieu est capable de prendre des habits nouveaux, ce qui n'étonnera guère un chrétien qui voit bien les différences entre Ancien et Nouveau Testaments, sans méconnaître les continuités…

Il faut donc bien conclure que le christianisme propose une religion paradoxale : il est bel et bien une religion, et pas seulement une foi, mais il serait un conformisme social et politique sans une foi apte à critiquer ses formes institutionnelles et à en « sortir ». Voilà pourquoi nous constatons, une fois de plus, la nécessaire complémentarité entre religion et foi. Une religion inscrite dans des institutions (rites, clergé, monuments, administrations, paroisses, mouvements caritatifs et éducatifs divers...) doit sans cesse se réformer (*semper reformanda*), car toute institution a tendance à se durcir, à se scléroser, à se déformer au long du temps ou sous la pression d'intérêts divers, donc à trahir son inspiration première. Tel est d'ailleurs le sort de toute institution : elle doit sans cesse s'interroger sur elle-même, son bien-fondé, son évolution, et donc sur sa nécessaire mise en cause, non par manie de la « réformite », mais par souci de fidélité à soi-même. Seuls des traditionalistes sclérosés ignorent qu'il s'agit là, non d'un progressisme intempérant, mais des conditions mêmes de toute vie institutionnelle. En ce sens, la foi critique, donc vivante, est nécessaire à toute religion : elle est l'aiguillon qui la débusque de ses affaissements faussement « religieux » pour l'ouvrir à une pratique en esprit et en vérité. On s'étonne d'ailleurs, par parenthèse, que certains observateurs semblent découvrir comme une nouveauté sans précédent que les religions peuvent être critiquées, mieux encore qu'elles n'ont cessé de susciter la critique en leur sein : il suffit de regarder le nombre considérable de saints ou de personnalités qui ont mis en cause l'Église installée au long des siècles...

Faut-il ajouter un ultime argument contre la thèse selon laquelle la religion pourrait être *le* socle du social (Durkheim), et par là même trahir son rôle essentiel ? La philosophie de Gaston Fessard nous a appris qu'en réalité le « mystère de la société » tient à ce que celle-ci est un entrelacs de relations, ce que Fessard, instruit par Hegel et Marx, non moins que par Kierkegaard, appelle des « dialectiques[1] ». Aucune société ne connaît qu'un seul fondement, elle est au contraire travaillée par une pluralité de liens tous aussi indispensables les uns que les autres à l'être-social de l'humanité. On peut rappeler que si la relation religieuse, que Fessard appelle l'historicité surnaturelle ou la dialectique du païen et du juif (de l'être « naturellement » religieux et de l'être de la Parole révélée), habite du dedans les autres relations, celles-ci ont leur substance propre : ainsi de la dialectique de l'homme et de la femme qui assure un lien essentiel quoique souvent tendu, voire orageux, puisque, fondé sur la relation sexuelle et affective, il garantit la survie de la société à travers le renouvellement des générations, mais pose aussi l'amour et l'affection comme l'une des bases essentielles en toute société ; ainsi encore de

1. Gaston Fessard, *De l'actualité historique*, 2 tomes, Desclée de Brouwer, Paris, 1960. Voir aussi le livre tout à fait éclairant de Frédéric Louzeau *L'anthropologie sociale du P. G. Fessard*, PUF, Paris, 2009.

la relation de l'homme à la nature qui fonde le travail, donc l'économie et la subsistance matérielle, puisque l'être humain, n'étant pas pur esprit, doit se cultiver et cultiver la terre pour en tirer sa subsistance ; ainsi encore de la relation de l'homme à l'homme qui structure la sphère politique grâce au règne des lois et de l'espace public ordonné par la recherche et la mise en place de la justice. Une société est tissée par l'ensemble de ces dialectiques, toutes essentielles, toutes complémentaires les unes des autres, quoique en tensions réciproques, ce qui fait d'ailleurs la vitalité et la richesse de l'être social.

C'est d'ailleurs si vrai qu'on pourrait désigner comme des « hérésies » sociales les tendances à survaloriser l'une de ces dialectiques, ou à chercher *un* fondement de la société ; ainsi de Marx valorisant à l'extrême la relation économique et le travail en sous-estimant la relation politique qui, avec Lénine, s'est terriblement rappelée à l'attention des bolcheviques et à celle de leurs innombrables victimes. Tout récemment, Jürgen Habermas affirmait que « les sociétés complexes [donc les nôtres] ne peuvent plus se souder qu'en recourant entre les citoyens, à une solidarité abstraite et médiatisée par le droit[1] ». Or, si les relations juridiques importent grandement, sont-elles le seul lien par lequel les citoyens

1. Jürgen HABERMAS, *Parcours*, t. 1, Gallimard, Paris, 2018, p. 22.

se rapportent les uns aux autres ? C'est méconnaître la sphère affective dont il est impossible de minimiser l'importance proprement vitale, ne serait-ce que parce que si se nouent là des liens féconds, elle est aussi le lieu d'innombrables violences, conjugales notamment[1].

De même, la survalorisation du religieux aboutit à ces théologies politiques qui peuvent prendre diverses formes dans les fondamentalismes (du genre : « l'islam est *la* solution », les fausses théologies autour du Christ Roi dans le catholicisme intégriste, la *Sola Scriptura* censée répondre aux questions sociales et politiques selon une interprétation discutable de cette formule) ou les théocraties qui croient trouver dans des révélations religieuses le fondement unique du social. Les religions trouvent leur rôle et leur place à l'intérieur de ces dialectiques ; l'erreur serait de croire qu'elles peuvent se substituer à elles ou les commander souverainement, oubliant que toute société a ses structures propres (les cultures) que la religion se doit de respecter en leur insufflant un Esprit de vie. C'est pourquoi le traditionalisme catholique, illustré par Joseph de Maistre ou Louis de Bonald

1. On doit à Axel Honneth, disciple infidèle d'Habermas, d'avoir rappelé après Hegel à quel point la reconnaissance sociale joue dans une pluralité de relations affectives, économiques, politiques, etc., donc qu'aucune société ne connaît un fondement unique.

au XIXe siècle, s'illusionne quand il professe qu'une société s'effondre, au moins sur le long terme, quand sa constitution ne repose pas sur Dieu ou sur une profession religieuse explicite. Illusion toujours vivante comme on l'a vu dans le cas des projets de constitutions européennes où certains pays souhaitaient qu'une référence à Dieu soit énoncée dans le préambule. Une société est religieusement vivante non pas quand Dieu est cité dans les textes constitutionnels, mais quand justice et charité sont les dynamismes actifs et vivants au sein même des relations sociales, quand le Tout Autre est honoré dans les visages les plus simples ou les plus défigurés. Comme, en général, on est loin du compte, on se gardera bien de qualifier de « chrétienne » quelque société que ce soit ! Les Églises ou les religions jouent leur rôle et remplissent leur fonction quand elles aident à vivre d'une telle charité et rappellent les exigences de l'amour d'autrui, sortant ainsi les êtres humains de l'apathie ou de la satisfaction béate de soi, loin des spiritualités dites laïques qui prétendent au contraire « combler » l'individu dans sa jouissance propre. Pas nécessairement quand elles englobent ou dirigent l'ensemble du corps social.

4

Le catholicisme comme religion

Une foi religieuse qui n'est pas soutenue et encadrée par une religion risque de rester vide ou de verser dans le sentimentalisme ; une religion sans une foi vivante ne sera qu'un conformisme étouffant et « pharisien », une apparence qui peut en imposer socialement, mais qui s'identifie à un formalisme. À cet égard, qu'en est-il du catholicisme dit romain ? Est-il une religion ? Une religion comme une autre ? Une religion avec ses caractères spécifiques qui la distinguent au milieu des propositions religieuses si diverses et si contrastées qu'offre le monde actuel ?

Notre propos n'est ni apologétique ni comparatiste. Pas apologétique, car il ne s'agit pas ici d'exalter le catholicisme comme la vraie et unique religion, censément supérieure à toutes les autres, mais simplement de s'interroger sur ce qui la caractérise. Quelle est en somme son essence ou sa nature ? Toute comparaison avec une autre forme religieuse pourrait ensuite être tentée, mais tel n'est pas le propos ici. Pas comparatiste, car il ne s'agit pas de comparer, comme le feraient une philosophie ou une histoire des religions, mais de tenter de comprendre du dedans ce qu'il en est du catholicisme, donc non pas selon un prétendu regard objectif ou scientifique. Du dedans, donc pas non plus en se penchant sur la situation actuelle de cette religion en Occident ou dans le monde, ce qu'on a pu tenter ailleurs, mais qui n'est pas en ces pages le souci premier. En ce sens, on ne trouvera pas ici d'interrogation, souvent inquiète, sur l'avenir de cette religion : en a-t-elle un ou est-elle sur la pente de la désagrégation et donc de la disparition ? Questions légitimes, mais qui ne sont pas au cœur de notre travail en ces pages, ce qui ne signifie pas que ces interrogations ne se posent pas – encore que, pour y répondre, l'interrogation que nous tentons sur la nature même du catholicisme peut apporter des éléments de réponse à des inquiétudes en effet fondées.

À quoi on ajoutera encore que notre réflexion ne prétend pas échapper à une lecture personnelle : au contraire, si l'on ne vise pas une objectivité scientifique, laquelle suppose d'ailleurs toujours un point de vue, un angle d'attaque, donc une décision subjective, on affiche clairement que notre approche relève d'une expérience personnelle qui peut ne pas être partagée également par tout catholique. Loin de gommer cet engagement, il faut au contraire fermement souligner qu'en ces domaines, celui qui parle le fait en son nom propre, ou encore que ses propos n'ont que l'autorité que leur donnent l'argumentation, le discours articulé, la cohérence de la démarche intellectuelle. Étant entendu aussi qu'il n'est pas un individu hors sol, mais qu'il parle à l'intérieur d'une large communauté, large dans le temps (il n'est pas le premier à s'entretenir de la foi catholique) et large dans l'espace (il y a une large variété de spiritualités et de théologies dans l'Église, contrairement aux *a priori* qui ne voient en elle qu'uniformité et centralisation).

Avant tout – mais faut-il le préciser ? –, le rôle de la communauté chrétienne croyante dans l'histoire, ce que nous appelons l'Église, est d'annoncer à l'humanité qu'elle est appelée en Christ à la vie éternelle, à la Béatitude, à la Lumière divine, à la jouissance de la Beauté dans la communion avec tous au sein de la Cité sainte, la Jérusalem céleste. Elle est donc porteuse d'une espérance qui passe les espoirs humains, tout en les assumant. Il s'agit en conséquence d'appeler dès maintenant à vivre de cette espérance par la charité et la mise en œuvre de la justice dans les communautés humaines, car « l'homme est créé pour louer, révérer et servir Dieu » et par là mener une vie « qui nous conduise davantage à cette fin[1] ». Porteuse d'une espérance qui donne son sel à la vie, une telle communauté doit ou devrait jouer un rôle de fécondation (le levain dans la pâte), loin des affaissements et des désespoirs qui ruinent la vie commune et limitent le regard à l'immédiat (présentisme).

Souci de l'universel

Une religion, on l'a dit pour fixer une sorte de définition, se caractérise par des rites spécifiques, des textes sacrés de référence (Bible, Coran, Upanishads...), des traditions de pensées, de spiritualités et de sagesses (exemples de personnes remarquables ou héroïques, saints, marabouts, sages...), des communautés structurées (avec des responsables, quels que soient le nom et l'autorité qu'on leur donne), rassemblées pour la célébration de cérémonies religieuses (prières, messes, sacrements, pèlerinages, dévotions diverses...) selon des échéances précises et réglées (les fêtes fixées dans des calendriers liturgiques). La foi personnelle naît et se fortifie dans un tel contexte communautaire

1. Ignace DE LOYOLA, « Principe et fondement » des *Exercices spirituels*, in *Écrits*, Desclée de Brouwer, Paris, 1991. C'est d'ailleurs dans cette tradition spécifique ouverte par Ignace que nous nous inscrivons.

dont elle doit aussi prendre ses justes distances pour ne pas être simplement conformiste. Ce qui laisse entendre qu'il y a inévitablement et heureusement un « jeu » entre appartenance et expérience propre à chacun, faute de quoi l'adhésion religieuse manquerait de cette liberté sans laquelle il n'est pas d'adoration de l'Absolu.

Malgré cette remarque, notre quasi-définition de la religion semble déboucher sur une clôture, essentiellement celle d'une appartenance. On est dedans ou on est dehors, on fait partie du troupeau ou on refuse de le fréquenter. En ce sens, toute religion est « close », pour reprendre les qualificatifs d'Henri Bergson. En vérité, selon les analyses de ce même philosophe, il est aussi des religions « ouvertes », comme il est de sociétés « ouvertes », et à ses yeux le christianisme doit figurer parmi cette dernière catégorie. À remarquer toutefois qu'aux yeux du philosophe, « ouvertes » ne signifie pas « béantes », structures dans lesquelles on entre ou on sort à volonté comme dans un supermarché. Pour quelles raisons parle-t-on de christianisme « ouvert » ? À mes yeux, et indépendamment des analyses bergsoniennes, on peut en retenir quelques-unes, et d'abord le souci de l'universalité.

Certes, de nos jours, le concept d'universalité a mauvaise presse, parce qu'on l'identifie à une volonté d'imposer à tous les mêmes idées, la même conception du monde, évidemment la nôtre, censée être supérieure à toute autre. De là à voir dans l'universalisme la source des colonialismes et de la domination occidentale sur les autres cultures dévalorisées ou ainsi méconnues, il n'y a qu'un pas. Et bien évidemment, il faut avouer que le concept d'universel, comme d'ailleurs tout concept, peut donner lieu à des interprétations aberrantes, dangereuses, voire même aboutir à des conclusions pratiques exactement contraires à la justesse de leur compréhension. Mais l'universel, en réalité, n'est qu'une tension vers autrui, il est animé par la volonté de comprendre l'autre dans sa différence, il vise à sortir de sa propre clôture pour s'ouvrir à l'étranger, à celui qui apparaît d'abord comme un « barbare », incompréhensible, inquiétant, troublant. Faute d'une telle tension, c'est le repli sur soi qui l'emporte, la croyance qu'on est le « centre du monde », selon l'idée qu'on prête à la Chine (« Empire du milieu » signifiant en réalité « Centre du monde »).

Or, il faut bien reconnaître que la tendance profonde de l'humanité est de se clore sur soi-même : sur soi comme individu (narcissisme), source des préoccupations premières de chacun (version moderne dans la revendication de « mes » droits) ; sur son groupe (ethnie, tribu, classe sociale, nation…) ; sur ses propres traditions jugées ancestrales et à ce titre inchangeables, « sacrées », uniques en leur genre,

« non négociables ». S'émanciper de ces clôtures ou les « dépasser », au sens de l'allemand *Aufgehauben*, ne va donc nullement de soi.

Le cas de l'Israël ancien serait à ce titre tout à fait caractéristique : se pensant et se vivant comme « peuple élu », donc mis à part et défini par un destin singulier (conquérir une terre étrangère et soumettre sa population), ce peuple voit peu à peu s'éroder cette croyance en son exclusivité et en son élection spécifique. Ses prophètes vont jouer un rôle décisif à cet égard, pour ne rien dire d'expériences historiques redoutables et décevantes qui vont en quelque sorte confirmer leur message : jamais la Terre promise ne lui appartient tout à fait, les Hébreux risquent même à tout moment d'en être chassés, et ils le seront par l'exil à Babylone, ou d'être eux-mêmes asservis (par les Romains ou les Perses) ; il semble même que le redoutable Livre de Josué ne soit qu'un récit édifiant, élaboré pour exalter un passé mythique irréel et donner courage à un peuple dominé. Les prophètes, Isaïe en particulier, vont proclamer que l'élection a pour visée tous les peuples, et donc que si les Hébreux sont mis à part et séparés des autres (« élus »), ce n'est pas pour dominer, mais au contraire pour répandre le message qui leur a été délivré : bref, pour illuminer les nations, non pour les écraser ou piller leurs richesses. Ils sont les serviteurs de la Loi, et même les serviteurs souffrants, méconnus, bafoués, persécutés. Ainsi des magnifiques passages sur le Serviteur souffrant qui est à la fois le peuple tout entier et un individu qui le représente et l'incarne[1]...

Le message de Jésus resterait incompréhensible sans cet arrière-fond de l'élection d'un peuple et sans le passage à la limite : la Bonne Nouvelle ne s'adresse pas à une élite, à un peuple supérieur, à des « prédestinés », mais aux nations jusqu'au bout du monde. Or, c'est ce peuple (Jésus ne sort pas des frontières d'Israël) qui doit porter le message à tous. Saint Paul orchestrera à sa façon un tel enseignement, en proclamant qu'en Christ, il n'y a plus ni païen ni juif, ni homme ni femme, ni esclave ni homme libre. Par ces propos, Paul met à mal toutes les clôtures dans lesquelles l'humanité se préserve, y compris la Cité grecque qui, aux yeux des anciens, délimitait la frontière de l'humanité, puisqu'en dehors d'elle il n'y a que barbare ou apparence d'humanité. Il les « met à mal », c'est dire qu'il les relativise, plutôt qu'il ne les détruit dans l'immédiat : il n'abolit pas l'esclavage, il n'ignore pas la différence entre les sexes qui ruinerait la richesse et la fécondité de l'humanité, mais il affirme que ces limites ne sont nullement des barrières, plutôt des assises à partir desquelles s'ouvrir à l'autre. Il

1. Is 42, 1-9 ; 49, 1-6 ; 50, 4-9 ; 52, 13–53, 12.

faut que l'homme soit un homme (un mâle, n'en déplaise aux théories du genre) pour se rapporter à la femme, comme il faut que la femme soit femme pour nouer une relation heureuse à l'homme, et ainsi des autres relations. Mais à ce titre, un tel être humain n'est plus une entité close, supérieure, dominante, puisqu'il n'est lui-même et ne trouve son identité propre que dans la relation à l'autre : un *alter ego*, homme ou femme.

L'universel, à moins de n'être qu'une abstraction vide (« l'Humanité » avec une majuscule), doit donc s'articuler sur du particulier : un peuple « élu » doit signifier à tous les autres qu'ils le sont aussi, et l'universel qui l'habite est celui d'une tension pour faire comprendre à tous qu'ils sont également élus, non en général, mais dans leur particularité même, dans leur culture et leurs coutumes qu'ils doivent purifier, convertir, ouvrir aux autres pour coexister pacifiquement avec eux et construire une humanité diversifiée et vivant de cette diversité.

L'Église catholique se veut le signe d'une telle universalité ; elle se veut catholique, reflétant en elle-même, et d'ailleurs bien mal en réalité, une telle diversité, qu'on trouve dans l'extrême différence entre ordres religieux, vivant d'une même foi au Christ dans des pratiques fort éloignées les unes des autres, et entre liturgies, comme l'Orient chrétien en témoigne (rites syriaque, maronite, grec catholique, arménien, chaldéen...). L'événement de la Pentecôte[1], où chaque peuple entend le Message dans sa propre langue, est le symbole de la fédération de ces diversités culturelles, tout à l'inverse des prétentions fallacieuses des constructeurs de la tour de Babel qui visaient à l'unicité du langage entre les hommes[2]. C'est d'ailleurs cette Église d'Églises qui appelle un principe d'unité ou de fédération, non une centralisation excessive, mais un Serviteur des serviteurs, un facteur d'unité respectueux des différences, visible, concret, personnalisé, par là même fragile. Tel est en principe le rôle de la papauté. Il ne s'agit pas d'imposer une seule manière d'être et de penser ; et d'ailleurs la multiplicité des écoles théologiques au long de l'histoire atteste bel et bien de cette diversité reconnue, quoique difficile à vivre, et aussi source de conflits parfois féconds, mais témoignages de vitalité intellectuelle et spirituelle. Il s'agit donc pour ce « primat » de veiller à une harmonie, comme un chef d'orchestre n'étouffe pas les contributions des musiciens, mais les aide à converger pour bâtir une œuvre singulière.

Image d'ailleurs familière à plusieurs Pères de l'Église qui n'ont pas manqué de reprendre ce

1. Ac, 2, 1-13.

2. Gn, 11, 1-9. Prémices remarquables des modernes systèmes totalitaires et d'une Internationale unificatrice sous une seule idéologie prétendument partagée.

symbole du chef d'orchestre qui n'impose pas sa partition, mais qui permet à chacune d'interpréter la sienne au mieux de son talent propre. Par là, l'Église est « sacrement », signe effectif quoique déficient de ce à quoi l'humanité est appelée par la Bonne Nouvelle du salut : non la dispersion, non la clôture sur soi (nationalismes, tribalismes, Umma), non l'exclusive, mais l'ouverture et la communication des idiomes, donc des langages et des cultures[1]. Dans sa faiblesse même et ses lacunes bien et même trop visibles, elle partage avec l'humanité ses limites presque insurmontables en apparence (en finira-t-on jamais avec les « clôtures » innombrables ?), mais elle annonce aussi à quoi cette même humanité est destinée : l'unité dans la diversité, l'harmonie dans les différences culturelles assumées. Les limites étant d'ailleurs les conditions d'un témoignage concret au sein d'une historicité toujours trouble et équivoque.

Par là même, la prétention à l'universel présuppose et appelle un travail constant sur soi, un *semper reformanda*, une conversion de tous les instants, car le repli sur soi constitue en somme la tendance normale de tout vivant et de toute institution.

1. D'où les tentations de constituer des Églises nationales comme on l'a vu avec l'anglicanisme ou le gallicanisme, Églises en réalité soumises au pouvoir politique, voire aux caprices des rois (Henri VIII). Tentations justifiées souvent par un excès de centralisation romaine abusive et non respectueuse d'une catholicité authentique.

« Dépassement » qui implique à la fois la personne croyante (apprendre à s'ouvrir intellectuellement et spirituellement à l'autre) et l'institution (se savoir signe, non aboutissement ou point de ralliement pour tous). Ce qui n'est pas sans conséquences, ni pour l'œcuménisme, ni pour le (prétendu) dialogue des religions.

Portée morale de l'universel

La prétention à l'universel ne reste pas et ne peut pas rester un vœu pieux, une invocation généreuse, mais vide. Elle exige que le discours de l'Église, donc le message évangélique, soit compréhensible, non un texte ésotérique qui ne serait ouvert qu'à quelques-uns, à des prédestinés ou à de rares élus. À ce titre, la foi ne peut que convoquer la raison ; elle ne peut se dispenser d'une intelligence d'elle-même qui en appelle aux ressources intellectuelles de l'être humain. À moins de verser dans le fidéisme, c'est-à-dire finalement de se réduire à une affirmation gratuite et vide du croire. La foi dite du charbonnier, qu'on confond parfois avec un fidéisme, est souvent plus savante et avertie que la foi des prétendus savants, et par là même il faut se garder de la sous-estimer. On peut être « simple », peu instruit en théologie et pourtant en savoir ou en sentir bien plus que les demi-savants. Et donc sans doute n'y a-t-il pas de foi qui ne soit « instruite », avertie, lucide sur son objet, quoique à des degrés divers. Péguy ne se trompait pas quand il affirmait que la chaisière du fond de l'église avait sans doute plus d'intuitions justes de Dieu que tel savant théologien...

Un tel discours doit donc se décliner dans les diverses langues des peuples ; il n'y a en christianisme aucune langue divine, à la différence des islams dans lesquels l'arabe du Prophète est consacré comme langue d'Allah. Toute langue est sacrée, comme toute culture est le berceau dans lequel peut être accueilli le Verbe. En conséquence, l'annonce évangélique se doit, se devrait d'être infiniment respectueuse de ceux auxquels elle s'adresse ; il n'en a certes pas toujours été ainsi, surtout quand on considère les cultures à évangéliser comme « païennes », donc suspectes d'être contaminées par des pentes diaboliques, à éradiquer à tout prix. Une certaine missiologie traditionnelle n'a pas manqué de verser dans ce qu'on peut considérer comme une hérésie[1],

1. De nos jours encore, certains persistent à parler des sociétés modernes comme « païennes », reproduisant ainsi le vieux schéma de pensée qui fit tant de tort à l'évangélisation des peuples. D'ailleurs, qu'entendre par « païen » ? La dépravation morale ? L'idolâtrie ? Les Pères de l'Église parlaient des Grecs (« païens » ?) comme

puisque son présupposé consistait à admettre que le Dieu créateur n'a pas fourni à ses créatures tous les éléments nécessaires pour répondre à sa Volonté. Aux yeux d'une telle attitude, les peuples non chrétiens seraient dominés par des forces démoniaques, en tout cas leurs cultures n'auraient de valeur que négative, et devraient donc être éradiquées ou ignorées.

Certes, aucune culture (ou civilisation) n'est pure, indemne de toute forme d'aliénation des hommes, pas même la culture occidentale, pourtant marquée par le christianisme. Aucune ne peut donc prétendre à une supériorité sur les autres, et donc les coloniser ou les soumettre, bien que certaines connaissent des formes d'aliénation ou de servitude plus marquées que d'autres. La philosophie des Lumières françaises, tellement vantée pour son rationalisme chassant l'obscurantisme, fut aussi la source du colonialisme, convaincue qu'elle était d'apporter à des peuples supposés primitifs les ressources d'un progrès humain qui les sortiraient des fantasmes religieux pour les ouvrir à la clarté de la raison. Il convient de ne pas oublier que si

---

des « hellénistes » ou des « philosophes », parce que face à des stoïciens ou à des platoniciens, il était difficile de ne pas voir la grandeur de leur pensée. Grandeur à laquelle il fallait pouvoir se mesurer, et non pas pratiquer un mépris hautain. Ne doit-on pas s'en inspirer par rapport à nos propres sociétés ?

l'expansion missionnaire chrétienne ne fut pas exempte d'excès, les Lumières furent aussi sources de nouvelles formes de destruction de cultures ancestrales et de sagesses traditionnelles. Un certain rationalisme n'est pas moins destructeur que le prosélytisme religieux, peut-être même plus insidieux, car il ne se donne pas comme une conquête des esprits, mais comme leur libération ou leur émancipation... Ce qui constitue un passage de l'enfance à l'âge adulte, de la minorité à la majorité, pour parler comme Kant, lequel admettait aussi et en même temps que ce « passage » n'est jamais opéré une fois pour toutes, et que le prétendu adulte peut toujours revenir aux conforts de la minorité (obéissance passive).

L'école dite de Francfort entre les deux guerres mondiales, avec Adorno ou Horkheimer[1], n'a pas manqué de souligner avec force, et non sans exagération, que le feu allumé par ces Lumières fut aussi à la source de bien d'autres incendies meurtriers ; ils visaient, comme par avance, ces camps d'extermination qui ont déshonoré l'Europe du XXe siècle. Immense question qu'on n'abordera pas ici, sinon

1. Max HORKHEIMER, *Éclipse de la raison* (1947) Payot, Paris, 1974. Il met en cause une raison dominatrice de la nature, plutôt que soucieuse de la recherche de la vérité (p. 182). Voir aussi Max HORKHEIMER et Theodor W. ADORNO, *La dialectique de la raison* (1974) Gallimard, coll. « NRF », Paris, 1944.

pour poser cette thèse de manière très générale, mais qui prévient contre toute forme de relativisme culturel qui mettrait des pratiques humaines et inhumaines sur le même plan et interdirait toute appréciation, donc en fait tout dialogue ou recherche de compréhension entre civilisations. Même l'Occident si sûr de soi n'est pas pur de toute violence, générée par des confiances excessives dans le pouvoir libérateur de la raison, ou d'une certaine raison « instrumentale », unilatérale, conquérante. Non la raison contemplative du poète ou du mystique !

Questions immenses et complexes déjà débattues entre François de Vittoria et Juan Ginès de Sepulveda dans les célèbres polémiques de Salamanque (XVIe siècle)[1], ou à propos de la christianisation de la Chine par Matteo Ricci et ses compagnons. Questions pourtant toujours actuelles, ne serait-ce que pour admettre et accueillir des formes liturgiques propres aux langues et aux cultures, loin d'une uniformisation par la langue (le latin) ou par l'administration romaine. La catholicité se marque aussi et

1. Bon dossier dans Bartholomé DE LAS CASAS, *La controverse entre Las Casas et Sepulveda*, introduit et annoté par N. Capdevilla, Vrin, Paris, 2007. Voir aussi Mariano DELGADO, Charles MÉLA, Frédéric MÖRI (dir.), *Orient Occident. Racines spirituelles de l'Europe*, Cerf, Paris, 2014, surtout Mariano Delgado, « La "vérité de l'autre" », p. 447-467, sur la polémique et ses enjeux politiquement et théologiquement considérables.

peut-être surtout par cette mise en valeur des dialectes et des coutumes propres aux Églises locales[1], sous la condition évidente que de telles pratiques soient réellement porteuses du message évangélique et ne véhiculent pas des comportements ou des jugements qui lui soient opposés. Une telle appréciation relève des communautés organisées, donc hiérarchisées, elles-mêmes, et de la mise en épreuve par une pratique sur le temps long qui tamise le bon grain de l'ivraie.

Cette valorisation des cultures particulières et par conséquent des Églises locales ne doit pas aboutir pour autant à des séparations qui briseraient l'unité de la confession de foi. C'est bien la même foi qui est proclamée, mais en dialectes différents. Il faut donc un travail de « reconnaissance » réciproque, ce que fit d'ailleurs l'Église des premiers temps en développant le concept de *receptio* : on reçoit (en fait on reconnaît, au sens de l'*Anerkennung* hégélienne) que, dans une pratique différente de la sienne, l'autre pose bien les mêmes gestes et prononce bien le même Credo que soi. Sont ainsi assumées une différence forte et une continuité non moins radicale. Que cet exercice de *receptio* soit difficile, qu'il

1. Phénomène étrange : le concile de Vatican II a signé la fin des liturgies particulières (celles de Milan, de Lyon, en Allemagne ou en Suisse…) et imposé le rite romain, sauf dans les Églises orientales.

ait souvent échoué à une reconnaissance réciproque, qu'il soit peu apprécié des centralisateurs romains, l'histoire en témoigne abondamment. Mais il s'agit là d'un défi à relever, donc d'une tentative pleine d'aléas, plutôt que d'un geste simple, tant les préjugés collectifs peuvent brouiller cette acceptation de l'autre dans sa différence (liturgique, théologique, sacramentelle). Un tel défi est de nature morale et spirituelle : il faut accepter qu'on n'est pas à soi seul l'expression du Message, que l'autre peut incarner un autre aspect du mystère de Dieu, qu'aucun ne s'identifie pleinement au Christ, toujours plus grand que ce que nous en célébrons.

Ce défi se manifeste particulièrement dans le domaine de la morale : la foi ne peut ignorer la raison pratique, elle doit rendre compte de son espérance, comme le demande l'apôtre Pierre[1] ; elle doit se montrer active et ne peut ignorer le service d'autrui ; elle n'est pas seulement croyance, mais comportement pratique éclairé par cette croyance ; elle donne sens à une vie qu'elle structure, éclaire, conduit, inspire, faute de quoi elle ne serait que le soupir vain d'une créature impuissante. Saint Jean l'a explicité splendidement[2] : qui dit croire en Dieu et qui n'aime pas son prochain est tout bonnement un menteur. C'est

1. 1 P 3, 15b.
2. 1 J 2, 9-11.

certainement vrai du point de vue dogmatique, mais encore plus du point de vue de la morale. La communauté croyante, ou le Magistère quand il parle en son nom, ne peut pas et ne doit pas s'adresser à quelques initiés, seuls aptes à comprendre un message ésotérique. Il doit s'efforcer de montrer la portée concrète des affirmations de la foi. Le Verbe éclaire tout homme en ce monde, c'est dans sa Lumière que chacun voit la lumière, selon la magnifique formule du psaume[1]. S'il en est ainsi, les prises de position morales doivent pouvoir trouver une justification ferme aux yeux de la raison humaine.

D'où la fermeté et la constance avec laquelle la tradition catholique s'est appuyée sur l'idée de loi naturelle au risque d'être mal comprise. Héritage aristotélicien sans doute, mais qui, repris par saint Thomas d'Aquin[2], signifie que toute conscience raisonnable admet qu'il est un bien distinct du mal, qu'il est dans la « nature » de l'homme d'opérer une telle distinction, que sa grandeur consiste justement à ordonner sa vie selon le bien, telle que la conscience personnelle le perçoit, cherche à le discerner, tente de s'y conformer, ou telle que les traditions de sagesse le lui indiquent. Tout discours moral, si inspiré qu'il

1. Psaume 36, 10b.
2. Saint THOMAS D'AQUIN, *Somme théologique,* Ia IIae, art. 91 ad corpus.

soit par les Évangiles, se doit d'être entendu (sinon admis et « suivi ») par ce que le jargon ecclésiastique nomme « les hommes de bonne volonté ».

L'encyclique *Laudato si'* (mai 2015) du pape François donnerait un exemple remarquable d'une telle pratique : le pape s'adresse d'abord à toute conscience humaine pour avancer son propos sur le respect de la « maison commune », et c'est seulement ensuite qu'il redit la même chose en se situant sur le plan de la Révélation biblique. Le même discours en deux registres distincts ! Le premier étant en réalité tout inspiré et porté par le second, mais en respectant sa logique propre et s'y soumettant. La parole d'autorité doit d'abord se plier aux exigences de la raison humaine, ou au moins tenter de le faire[1]. Faute de cette « soumission », une telle parole sonne creux ou se trouve tout simplement rejetée, ou appréhendée comme une contrainte arbitraire[2]. Conclusion qui vaut d'ailleurs pour toute forme d'autorité, donc pour l'ensemble des relations sociales, qu'il

1. C'est sans doute faute de se plier à cette discipline intellectuelle que la morale sexuelle professée par le Magistère romain est si mal « reçue » par le peuple fidèle. Pour ne pas dire plus !

2. À cette lumière, il est difficile de ne pas voir à quel point le discours moral du Magistère romain en matière sexuelle est loin de répondre à un tel impératif. Ainsi, il n'est pas « reconnu » par de larges franges de la communauté catholique, sans parler de tous les autres. Ce n'est pas une désobéissance des fidèles, mais un grave défaut de la part du locuteur, le Magistère lui-même.

s'agisse de la famille, de l'entreprise, de la politique ou des rapports internationaux...

Judaïsme et catholicisme

On le sait : la tentation de l'appel à l'universel consiste à croire à une identification de soi à l'universel. Ici, elle serait de penser que l'Église est la figure ou l'incarnation même de l'universel, qu'elle s'identifierait à lui, qu'elle en serait la forme concrète et en un sens achevé. Et pourtant, la tradition chrétienne, catholique, trouve en ses racines un antidote à cette redoutable tendance : la permanence des juifs, leur refus de reconnaître en Jésus-Christ le Messie pourtant attendu par les Hébreux. Quiconque ouvre les Épîtres de saint Paul s'aperçoit que, pour l'« apôtre des nations », l'obstination de ses condisciples juifs à ne pas se convertir à la Bonne Nouvelle reste un mystère qui l'atteint dans sa chair. Cependant, il finit par admettre que cette non-conversion n'est pas nécessairement une obstination pécheresse, continuité de la raideur de cou de son peuple et de sa désobéissance quasiment traditionnelle et tellement fustigée par ses propres prophètes[1] ! Le refus juif pourrait bien être un défi

1. Rm 11, 25-32.

pour l'Église, un signe voulu par la Providence divine, pour laisser entendre à l'Église qu'elle ne témoigne qu'imparfaitement du salut qu'elle croit annoncer pour tous. L'entêtement juif serait un aiguillon toujours présent, indispensable pour que l'Église n'oublie pas ses propres limites, voire ses propres trahisons par rapport au message qu'elle porte. Un tel entêtement l'obligerait à faire retour sur soi et à admettre qu'elle doit encore se convertir et se purifier de ce qui, en elle, empêche le peuple toujours élu de voir le Messie en celui qu'elle annonce. Au fond, la persistance d'Israël l'oblige à confesser sa non-adéquation à l'universel, sa particularité insurmontable, sans doute jusqu'à la fin des temps[1].

Un tel aveu est certes difficile, et sans doute pourrait-on expliquer (non justifier) par là la persistance de l'antisémitisme tout au long des siècles dits chrétiens[2]. C'est surtout quand l'Église

1. D'où le débat entre Gaston Fessard et Jacques Maritain : le salut des juifs, donc leur conversion au Christ, aura-t-il lieu *dans* l'histoire ou *à la fin* de l'histoire, au moment de la réconciliation universelle ? Les conséquences pratiques de ces positions théologiques sont considérables. Une conversion de tous les juifs *dans* l'histoire sonnerait la fin de l'aiguillon qui déstabilise l'Église de sa suffisance…

2. Le concile Vatican II a clarifié la position de l'Église catholique dans la *Déclaration sur les relations de l'Église avec les religions non chrétiennes*, Centurion, Paris, 1967, p. 693-700. Voir § 4 en ce qui concerne « la religion juive », « Concile œcuménique Vatican II ».

se croit « société parfaite », quand elle se veut exclusive, quand elle se refuse à accepter qu'elle n'est encore dans l'histoire qu'un signe inadéquat de la venue et de la présence du Messie au sein de cette histoire. On comprend aussi par là que malgré tous les repentirs, nécessaires quand le tragique des événements a provoqué des pogroms et des massacres[1], l'antisémitisme demeure une redoutable tentation permanente : non seulement quand on cherche un bouc émissaire facile aux maux du temps ou aux difficultés de la mission, mais aussi parce que la permanence juive signe la limite essentielle de la communauté croyante chrétienne tant que dure l'histoire, et tant que celle-ci n'a pas trouvé son achèvement eschatologique. Il ne s'agit certes pas de se satisfaire d'une telle situation, encore moins d'y voir une sorte de fatalité insurmontable. Il s'agit bien plutôt de travailler

1. En témoigne le remarquable texte des évêques français prononcé à Drancy par Mgr de Berranger, en date du 30 septembre 1977, in *La Documentation catholique* du 19 octobre 1997, n° 2168, p. 870-875. Ce texte reconnaît « les péchés commis par les fils de l'Église », silencieux ou complices à l'égard du « statut des juifs décidé par le gouvernement du maréchal Pétain (3 octobre 1940) », et en « demande pardon à Dieu et aux hommes ». Avec la très belle réponse de Henri Hajdenberg, président du Conseil représentatif des institutions juives de France (CRIF) : selon lui cette « reconnaissance publique de sa "lourde faute" [celle de l'Église] renforce son autorité morale dans la vie publique française d'aujourd'hui ».

à l'œuvre de purification de soi et de meilleure intelligence du mystère du salut, donc d'admettre que, comme chrétiens, nous aussi attendons encore la pleine révélation du royaume de Dieu, dont nous ne connaissons ici-bas qu'une partielle réalisation. C'est d'ailleurs pourquoi, sans doute, Franz Rosenzweig, dans son grand livre[1], parle du chrétien comme un « errant », un pèlerin, ce qui rejoint d'ailleurs un thème essentiel de la théologie augustinienne : l'Église est en route (*in via*), en marche vers un but qu'elle n'a pas encore atteint. Elle n'incarne donc pas en tant que tel l'universel, ni le salut en sa forme plénière.

Un tel rapport au judaïsme n'est d'ailleurs pas une concession à l'esprit du temps, ou un remords par rapport à trop de siècles d'antisémitisme. Le christianisme se greffe sur le tronc de la religion des Hébreux. Ici encore, saint Paul, dans son Épître aux Romains, propose une réflexion décisive. Le message chrétien n'a de sens qu'en s'appuyant (en « accomplissant », selon un mot équivoque et malheureux) sur le message porté par la première Alliance. Il est une *religion seconde*, liée à une autre sans laquelle la seconde Alliance est vide. Il est donc entièrement dépendant de la Promesse faite à un minuscule peuple, porteur d'une Promesse

1. Franz ROSENZWEIG, *L'étoile de la Rédemption*, Seuil, Paris, 2003.

valable pour tous, et le Messie reconnu en Jésus de Nazareth est celui qu'attendait le peuple hébreu et qu'annonçaient ses prophètes. Ou encore, il est impossible d'interpréter correctement les écrits dits du Nouveau Testament en oubliant ou en négligeant ceux que les chrétiens appellent les textes de l'Ancien ou du Premier Testament[1].

Ici encore, à la différence du musulman, le chrétien ne tient pas que les juifs aient déformé leurs Écrits, ni qu'Abraham ou Adam étaient déjà musulmans, donc que rien ne vaut vraiment hors des dits de Mohammad (pas plus que les héritages grecs ou « païens »). La foi chrétienne se reçoit d'une révélation antérieure, et sauf à tomber dans le redoutable piège de l'antisémitisme ou de l'antijudaïsme, elle ne peut ignorer cet héritage. Elle hérite, et donc elle dépend, ce qui devrait ouvrir à l'action de grâce ou au moins à l'humilité. Pour citer encore saint Paul, le chrétien ne peut oublier qu'une telle ignorance signifierait sa sortie de l'orbite du salut, donc sa dégénérescence. Par définition, pour reprendre les termes d'Henri Bergson, le christianisme est essentiellement une religion ouverte, non close sur elle-même et auto-suffisante, exclusive. Elle ne se

1. Ce qui confirme à nouveau l'impossibilité d'un retour à une « source » prétendue pure de toute influence extérieure. La source est conversion *actuelle* à l'Esprit du Christ.

comprend elle-même que par rapport à une autre, donc comme seconde.

Messianisme et fin des temps

Or, cette compréhension engage aussi la croyance à la venue d'un Messie… encore attendu par le peuple juif, déjà venu en Christ pour les chrétiens, mais sous la forme d'un Messie crucifié et défiguré ; venu et pourtant encore attendu dans son retour glorieux, récapitulation de l'histoire et des temps. Cette figure messianique, si essentielle, est pourtant souvent mal comprise, voire passée sous silence, comme enrobée d'un halo maléfique ou au moins périlleux[1]. On comprend assez bien une telle réserve tant l'idée messianique a fait l'objet de graves dérives, dans l'histoire récente surtout. On pourrait dire, en effet, qu'il est presque inhérent à l'humanité d'attendre un Sauveur, un personnage politique surtout, charismatique,

1. Parmi les interprétations actuelles, on peut lire celle de Giorgio AGAMBEN, *Le temps qui reste. Un commentaire de l'Épître aux Romains*, Payot et Rivages, coll. « Bibliothèque Rivages », Paris, 2000. Le messianisme est ici compris comme dissolution de toute réalité historique, selon une lecture plus proche de l'anarchisme que de la théologie paulinienne. Les comparaisons multiples avec le prolétariat selon Marx ne sont pas un hasard.

doué de capacités exceptionnelles pour arracher les hommes à une situation dramatique, apparemment sans issue.

Cette attente peut revêtir des formes banales et courantes au moment d'élections démocratiques où l'on espère que quelqu'un pourra tirer le pays des contradictions apparemment insolubles dans lesquelles il est pris. Les Français ne devraient pas oublier leur soulagement quand le maréchal Pétain a signé l'armistice avec les nazis en 1940, ni non plus leur soulagement analogue quand fut fait appel au général de Gaulle en 1958 devant l'insoluble conflit en Algérie. Situations certes différentes, identité toutefois dans l'attente d'un homme providentiel, là où le « peuple » semble devenu impuissant à assumer son sort. Nombre de *pronunciamientos* en Amérique latine ont relevé, au XIXe siècle, d'une semblable attente d'un sauveur qui arracherait le pays à la misère. Mais on ne peut oublier aussi que ces formes relativement courantes du messianisme politique et militaire ont abouti à de sanglantes dictatures. D'autres versèrent dans le pire avec le nazisme d'Hitler, le fascisme de Mussolini, le franquisme en Espagne, le stalinisme en URSS, pour n'en nommer que quelques-uns qui, d'ailleurs, ne sont pas égaux dans les horreurs qu'ils ont provoquées. On est donc en droit de se méfier de tels faux espoirs en des chefs censés

« sauver » l'humanité des maux qui l'accablent. D'où les réserves légitimes envers l'idée même de messianisme[1]. Réserves renforcées quand le messianisme devient un attribut de la nation, comme aux États-Unis qui se donnent volontiers la mission de convertir le monde entier à la démocratie ou à leurs « valeurs » (d'ailleurs bien abîmées par la triste mise en œuvre de cette mission, comme on le voit en Irak ou en Afghanistan).

C'est pourquoi, ici encore, il convient de bien distinguer les « ordres » des choses : le messianisme a, d'abord et surtout, une pertinence dans le domaine religieux ; il est caractéristique de religions historiques, sensibles à ce que l'histoire comporte d'aliénations, de servitudes, d'injustices, d'exploitation, et qui attendent un « salut », donc une délivrance de cet état de choses. Pour les Hébreux, la figure de Moïse représente le type même du sauveur : celui qui arrache le peuple à la domination du pharaon, figure de toute forme d'aliénation de l'humanité ; celui qui parvient à mobiliser le peuple et à lui faire traverser la passe redoutable du désert en vue d'une

1. Eric Voegelin a cru voir, dans ces messianismes des « religions politiques », la transcription de la religion en attentes séculières : *The New Science of Politics*, The University Press, Chicago, 1987 (tr. fr. *La nouvelle science du politique*, Seuil, Paris, 1952). Thèse proche chez Emilio Gentile, *Les religions de la politique. Entre démocratie et totalitarismes* (2001), Seuil, Paris, 2005.

Terre promise; celui que Yahvé envoie et consacre pour cette mission-là. En termes propres, le Messie, « l'Oint » de Dieu, roi élu et consacré, le *Christos*. Les chrétiens reconnaissent en Jésus de Nazareth le nouveau Moïse, celui qui ne se contente pas d'arracher aux ténèbres du péché et de la mort, mais celui qui, par sa Résurrection, donne aux hommes accès à la vie divine, vraie terre promise. Messie assumant la condition humaine pour la transmuer en condition divine en répandant son Esprit de justice et d'amour sur ceux qui veulent bien le suivre. Messie qui donne accès dès maintenant à cette vie nouvelle, bien que la promesse d'un salut universel, ou d'une totale réconciliation de l'humanité avec elle-même et avec la nature, ne soit encore que l'objet d'une espérance.

On comprend aussi pourquoi Jésus de Nazareth n'a pas accepté le titre de Messie, car sa mission aurait pu être comprise alors comme celle d'un libérateur triomphant des ennemis d'Israël, un héros politique libérant du joug de l'occupation, un vainqueur qui, par les armes ou le soulèvement populaire, repousserait les Romains. D'où les sévères rebuffades envers Pierre quand celui-ci s'indigne des annonces de la Passion et de l'humiliation du Serviteur[1]. Et même au moment de

1. Mt 16, 22-23.

l'Ascension, les disciples attendent encore une restauration de la grandeur politique d'Israël[1], donc un Messie conquérant, boutant les Romains hors du pays. Il leur faudra du temps, tout comme aux premiers chrétiens, pour admettre que le vrai Messie triomphe par son abnégation, en se donnant pleinement aux hommes, en se livrant, comme le Dieu d'amour se donne sans réserve… Un Messie à rebours des « sauveurs » politiques qui prétendent libérer en commençant par soumettre à leur joug !

La première figure du Messie, celle d'un Messie crucifié, donne à tout disciple la mission de servir son prochain, mais aussi d'attendre dans l'espérance le retour ou la récapitulation de toutes choses dans la Lumière divine. Voilà le mot essentiel lâché : le messianisme a partie liée avec l'espérance, et celle-ci implique une attente, ou l'idée que la condition actuelle, l'histoire telle qu'elle se déroule avec ses échecs, ses violences, mais aussi avec ses avancées politiques ou techniques, n'est nullement close. Car si le messianisme se tient sur le registre religieux, il n'est pas sans conséquences politiques et sociales, il habite et structure le présent en lui conférant cette épaisseur que le « présentisme »

1. Ac 1, 6 : « Seigneur, est-ce en ce temps-ci que tu vas restaurer la royauté en Israël ? » Or, ce qui leur est alors proposé, c'est la venue de l'Esprit Saint, non un nouveau roi David.

ignore ou veut ignorer. En effet, un autre monde est possible, et même certain, non un monde que l'engagement social et politique fournirait dans le concret de l'histoire, ce qui, comme on sait, aboutit aux totalitarismes meurtriers ou à ces théocraties musulmanes où l'islam, et lui seul, est censé être « la solution ». Un monde qui se construit partout où l'homme met ses pas dans ceux d'un Messie serviteur et comprend sa vocation comme un service envers autrui.

Le chrétien croit que, par-delà les morts ou les violences qui nous démobilisent, une vie est possible, et déjà réelle. Si apparemment faible soit-il, l'amour, sous les formes si diverses de l'affection charnelle, de l'entraide, de la solidarité, des efforts de paix et de réconciliation, peut déjà se vivre : il est la forme concrète du salut, la vraie vie déjà vécue quoique temporairement ou transitoirement ! Voilà aussi qui va bien au-delà de ce que sont en droit de promettre les spiritualités dites laïques : celles-ci peuvent éventuellement aboutir à un bien-être de la personne, à un épanouissement individuel, à un certain équilibre psychologique, mais elles ne peuvent pas promettre un salut universel, ce que seule une religion, fondée sur une communauté de salut et sur l'attente d'un Messie, peut proposer à l'adhésion. Ou si elles conduisent à se confier à un gourou, figure caricaturale d'un sauveur messianique, celui-ci risque bien de manifester assez vite une emprise qui envoûte plus qu'elle ne délivre.

Cela signifie aussi qu'une religion messianique ouvre un avenir collectif à l'histoire humaine, affirmation qui va à contre-courant du scepticisme actuel ou du nihilisme qui proclame la fin prochaine de l'humanité, ou même de la planète, notamment sous les formes les plus radicales de l'écologie. L'espérance messianique donne sens au présent puisque celui-ci est porteur d'un avenir apte à mobiliser les volontés, donc à sortir des envoûtements paralysants qui désespèrent du futur. Elle n'est pas aveugle sur les périls actuels, ceux qu'une humanité trop confiante en elle-même a provoqués et provoque encore, sous le règne de Lumières naïvement optimistes ou oublieuses des violences dont les hommes sont capables. Elle ne croit pas, comme Rousseau ou Madame de Staël, en une « perfectibilité indéfinie de l'humanité », car elle sait que le plus éduqué peut s'abîmer dans les pires crimes, loin de s'émanciper du mal et de la violence. Où nous rencontrons ici le thème du « péché », si malmené par le rationalisme prétendu éclairé ! Mais elle n'élève pas ces périls ou ces limites humaines en obstacles insurmontables, car elle tient que la raison humaine, mobilisée dans le débat et la discussion, éclairée par ses travaux scientifiques et techniques, ouverte aux exigences morales, donc cultivée, sera apte à trouver des issues viables à nos dérives. Elle tient aussi que, malgré les graves reniements des peuples ou des individus, réconciliation et pardon sont toujours possibles pour peu qu'on sache humblement s'y ouvrir. Justement en mettant ses pas dans ceux du Messie serviteur et souffrant !

Ces quelques traits suffisent-ils à caractériser le catholicisme comme religion, et pas seulement comme foi ? Certes, non. Il faudrait ajouter, par exemple, que la liturgie est un élément essentiel de la célébration communautaire et de la louange divine, qu'elle est chant nouant une communauté et pas seulement des individus, la fondant et la structurant. Référence essentielle et très sensible comme le démontrent les crispations qu'engendre toute réforme en ce domaine et qui ne datent pas d'aujourd'hui ou du concile Vatican II[1] ; des schismes peuvent même être provoqués au nom de la liturgie et l'ont été dans l'histoire ; les enjeux sont en effet considérables qui touchent aussi bien l'organisation du culte que l'affectivité de chacun concernée par les chants, les rites, les odeurs (encens), la place des uns et des autres (le prêtre face ou dos au peuple, le peuple en cercle ou aligné en rangs serrés), la

1. En témoignent aussi les crispations et les polémiques autour de la reconstruction de la cathédrale Notre-Dame de Paris. Retour à l'identique ou prise en compte des sensibilités contemporaines et des exigences actuelles pour un culte vivant ?

disposition de l'espace (édifice rond comme la cathédrale d'Évry ou cruciforme comme Notre-Dame de Paris et tant d'autres églises).

Ici encore, ces questions vont bien au-delà des spiritualités profanes ou laïques, à moins que celles-ci n'aboutissent à des sectes où des leaders autoproclamés imposent des célébrations dominées par l'affectivité et la manipulation du public : en témoignent les cultes pentecôtistes où cris, pleurs, embrassades, acclamations et chants accompagnent souvent de pseudo-guérisons. À l'inverse, le littéralisme peut tuer la liturgie en confondant celle-ci avec des gestes vides ou des répétitions sans âme ; or, la célébration doit pouvoir respirer, et il revient donc aussi au célébrant de ne pas s'asservir à la lettre, comme le recommandent d'ailleurs les « ordos », ce qui est souvent oublié, tant le conformisme littéral est confortable. Certes, les rites programmés évitent les caprices ou l'arbitraire du célébrant, toujours tenté, comme on le voit dans les protestantismes, de se substituer ou de se confondre avec la Parole qu'il est censé honorer et célébrer ; en ce sens, encore, les rites évitent le subjectivisme du président de l'assemblée, laquelle sait alors qu'on la respectera par une célébration ordonnée.

Ajoutons qu'une liturgie doit être *belle*, la beauté faisant partie intrinsèque d'une louange authentique de Dieu. Et si certaines traditions chrétiennes, comme le calvinisme, ont versé dans l'iconoclasme, on peut soutenir que l'Église catholique s'est caractérisée, non pas seulement par le culte des images, mais par le souci des arts, que ce soit en architecture, en peinture, en art oratoire, en musique… On sait même que certains papes de la Renaissance ont été des mécènes généreux, au point de verser dans l'excès et de provoquer ces scandales qui ont poussé Luther et bien d'autres à engager un profond nettoyage des « écuries » pontificales ! Mais, quoi qu'il en soit de ces dérives passées, le souci de la beauté doit rester central, même si, de nos jours, une Église pauvre ne peut plus guère proposer des commandes coûteuses aux artistes, pourtant souvent plus intéressés qu'on ne le pense au domaine religieux, où leurs talents peuvent s'exercer sur des sujets inspirants[1].

On ne devrait pas oublier non plus que la catéchèse pourrait sans doute davantage s'inspirer des trésors accumulés dans les églises pour ouvrir à la beauté de la foi : la visite d'une cathédrale ou d'une petite église de campagne peut en apprendre plus sur les vérités de la foi chrétienne qu'un catéchisme abstrait et conceptuel. C'est aussi la beauté qui dit

1. La passion avec laquelle le peintre Pierre Soulages a créé les vitraux de la basilique de Conques, en Aveyron, est un exemple actuel. L'homme ne se dit pourtant pas « religieux ».

la vérité de la foi, si du moins cette beauté n'est pas accrocheuse, bavarde, sentimentale, ou « sulpicienne » comme on a méchamment coutume de dire ! Et si la beauté ne sauve pas le monde, le salut religieux passe bel et bien par la beauté[1] ; le message chrétien gagnerait d'ailleurs à être présenté comme beau, autant et plus que comme vrai… Il y a une beauté du visage du Christ, même sur la croix : ainsi du Jésus crucifié souriant dans la chapelle de Xavier en Navarre, mais tout autant du visage défiguré du *Crucifix* de Germaine Richier dans l'Église Notre-Dame-des-Anges, au Plateau d'Assy ! Beauté qui plonge au cœur du paradoxe de la Croix.

1. L'œuvre théologique de Hans Urs von Balthasar a heureusement rappelé ce point souvent trop oublié ou minimisé.

5

Questions pendantes

Le concept de religion a sa consistance propre qu'on ne peut rayer d'un trait de plume. Mais il reste vrai que la réalité concrète des religions dans une société moderne reste problématique, voire menacée. Analyser les diverses formes que peut prendre cette menace n'est pas l'objet de ces pages. On ne peut toutefois conclure nos analyses sans aborder ces difficiles questions en quelques mots volontairement limités.

Le silence de Dieu

Comme nous l'avons suggéré, l'athéisme est rare, sans doute impossible sans qu'à la divinité reniée ou refusée ne se substituent des croyances profanes, que ce soit le progrès, le prolétariat, la science, l'argent, la réussite sociale, des messies divers ou le Parti des révolutionnaires professionnels cher à Lénine...

Nietzsche, encore lui, n'avait pas tort d'avancer qu'« il y a plus d'idoles que de réalités dans le monde[1] » et qu'il s'agit là d'idoles « éternelles », donc nullement des illusions passagères qu'une évolution intellectuelle ou sociale éliminerait au fur et à mesure de la « perfectibilité » de l'humanité... Mais malgré cette « volonté de croyance » tenace et sans doute insurmontable, reste que l'adhésion religieuse ne va nullement de soi dans des sociétés qui ne sont pas ou plus structurées par ou autour de la religion, donc pour lesquelles l'ouverture au religieux allait presque de soi ou était portée par le conformisme social. On adhérait alors à ce qui, pour la plupart, s'imposait comme ayant été de toujours à toujours. Tel n'est évidemment plus le cas de nos jours. Et même le « toujours à toujours » de la tradition pèse plutôt en sens inverse de la croyance : le poids de l'histoire joue en défaveur de la religion, car des lectures, pas toujours objectives ou honnêtes, ont tendance à l'identifier à l'obscurantisme ou à l'enfance de l'humanité. Donc à la récuser pour un moderne qui se veut ou se croit « majeur », adulte ou autonome, par conséquent libre de toute adhésion « aliénante ». Or, comme avertit une fois encore la

1. Friedrich NIETZSCHE, *Crépuscule des idoles ou comment philosopher en maniant le marteau*, avant-propos, in *Œuvres philosophiques complètes*, t. VIII, Gallimard, Paris, 1974, p. 59.

sagesse sauvage de Nietzsche, « en matière de dieux, la mort n'est jamais qu'un préjugé[1] ».

On peut pourtant prétendre qu'en un tel contexte, l'adhésion religieuse relève de la liberté personnelle avertie, non plus du grégarisme, et donc que la foi y gagne en authenticité. Telle est la consolation qu'on peut se donner devant l'indifférence religieuse actuelle, largement partagée : au moins la minorité croyante est (ou serait) consciente de sa foi ! Mais quiconque professe que la religion donne sens à l'existence individuelle et collective ne peut pas se contenter de ce genre d'élitisme ou d'aristocratisme religieux, voire de consolation trop facile. La Lumière divine éclaire tout être humain, et elle le fait par le biais de sa conscience morale, comme l'a affirmé avec force le concile Vatican II. En ce sens, discrète ou méconnue, la Lumière n'est jamais loin des êtres humains[2], et quelque nom qu'ils lui donnent, elle les guide s'ils veulent bien tout simplement être fidèles à ce qu'ils portent de plus haut et de plus noble. Cela n'en fait pas des « chrétiens anonymes », mais simplement des enfants de Dieu qu'ils sont essentiellement ; or, des enfants peuvent

1. Friedrich Nietzsche, *Ainsi parlait Zarathoustra*, IV, « La fête de l'âne », Le Livre de Poche, Paris, 1972.
2. Dt, 30, 11 : « Ce que je te prescris aujourd'hui n'est pas au-delà de tes moyens ni hors de ton atteinte », et versets suivants.

oublier ou renier leurs parents, donc récuser leur Père.

Mais justement la Lumière divine est discrète ; elle deviendrait un esclavage si elle s'imposait par la contrainte politique comme dans le prétendu « califat » proclamé par Daech ou chez les talibans barbares et incultes. Il faut même parler du *silence de Dieu*, condition pour que nos libertés puissent s'affirmer : le Tout-Puissant n'est jamais si fort que quand il se retient de s'imposer, quand il laisse sa Création respirer à son rythme. Le père pervers est celui qui obsède, joue de l'emprise pour que sa progéniture ne lui échappe pas. Un vrai père (ou une vraie mère) désire, veut, accepte que l'enfant vole de ses propres ailes et ne reste pas indéfiniment dans le cocon familial ! La Bible commence étonnamment par la mise en scène d'une désobéissance et d'un refus de faire confiance au Créateur. Texte stupéfiant si l'on y songe : on a parlé de « chute », bien à tort ; on pourrait plutôt s'inspirer de Chagall qui, dans ses célèbres tableaux bibliques[1], juxtapose dans la même scène une sortie d'Éden sereine et le berceau de l'enfant dans la crèche : le salut en même temps que la faute. Et bien avant lui, saint Irénée voyait dans cette scène

1. Tableaux visibles à Cimier (Nice) dans le Musée national Marc-Chagall.

originelle une bévue d'adolescents peu conscients de leurs méfaits.

Simon Weil affirmait même que « l'absence de Dieu est le plus merveilleux témoignage du parfait amour. Tout ce qui rend cette absence manifeste est beau[1] ». Certes, silence et absence ne sont pas équivalents, mais on sait que la philosophe a prétendu avoir eu comme une révélation du Christ lui-même[2]. Mais son propos est-il si différent du témoignage d'une autre juive, très séduite par le christianisme, Etty Hillesum, qui, devant l'immense tragédie des déportations de juifs hollandais par les nazis, demandait à un Dieu silencieux et apparemment impuissant de pouvoir lui venir en aide ? Sa confiance en Dieu, presque enfantine, ne s'est jamais démentie, conjointe à son souci d'autrui. Ce qu'elle fait d'ailleurs au prix de sa propre vie au camp de Westerbork[3], camp de regroupement de juifs avant leur déportation en Allemagne. Finalement, le silence (Hillesum) semble équivaloir à

1. Simone Weil, *Cahiers III,* Plon, Paris, 1956 p. 15.

2. Simone Weil, *Autobiographie spirituelle. Marseille 14 mai 1942*, in *Œuvres*, Gallimard, coll. « Quarto », Paris, 1999, p. 771 et suivantes.

3. *Les écrits d'Etty Hillesum. Journaux et lettres 1941-1943*, Seuil, Paris, 2008, p. 675. Lire aussi l'impressionnante lettre du 18 août 1943, n° 60, p. 897, ou encore : « Je me sentirai toujours dans les bras de Dieu même dans un camp sous la garde des SS » (p. 677).

l'absence (Weil) pour signifier une invisibilité et une impuissance troublantes.

C'est que la parole de Dieu, ou son commandement (tu ne mangeras pas de tout, tu sauras te limiter, tu n'accapareras pas tout), se propose à l'assentiment et ne trouve sa force qu'en étant écoutée (« obéie » au sens le plus authentique du mot). Si la Parole se propose, c'est aussi qu'elle sait se taire une fois formulée ; tout langage appelle le silence, la discrétion, le retrait, ne serait-ce que pour laisser place à la réponse[1]. On ne doit donc pas s'étonner du silence de Dieu qui, pourrait-on dire, fait partie de sa nature et de son amour à l'égard de sa créature. Dieu a parlé, mais comme le dit superbement Jean de la Croix, il a tout dit en Jésus-Christ et n'a donc plus rien à rajouter. En lui sont condensés tous les signes susceptibles de faire comprendre son dessein et sa volonté sur sa création et ses créatures. Il serait donc bien téméraire d'attendre encore une Révélation et un surcroît par rapport à la Croix et à la Résurrection. Justin, dans son *Apologie pour les chrétiens*, va même jusqu'à prétendre que le Dieu véritable n'a pas de nom : « un nom apposé au Père de l'univers, il n'en existe pas, puisqu'il est inengendré ; car recevoir un nom, quel qu'il soit,

1. Voir le très beau livre de Jean-Louis Chrétien, *Répondre. Figures de la réponse et de la responsabilité*, PUF, Paris, 2007.

c'est avoir en celui qui l'appose quelqu'un de plus ancien que soi. Les mots "Père", "Dieu", "Créateur", "Seigneur" et "Maître" ne sont pas des noms, mais des désignations tirées de ses bienfaits et de ses œuvres[1] ». Voilà qui devrait commander une discrétion dans les discours pieux et les homélies édifiantes, et conduire à une pudeur seule vraiment respectueuse de Celui ainsi évoqué.

Il faut donc avoir l'oreille pour entendre, et comme l'avait bien vu Pascal, le divertissement rend sourd et détourne d'être à l'écoute. On pourrait, à partir de là, réfléchir aux étourdissements de bien de nos contemporains, assaillis par les bruits de toutes sortes et devenus incapables de s'ouvrir à l'écoute d'autrui ou de l'Autre. N'y a-t-il pas là une source essentielle à l'indifférence religieuse, à l'agnosticisme, à la prise de distance envers l'univers religieux ? Moins un refus délibéré qu'un manque d'appétit pour une nourriture dont on ne voit pas la nécessité ni les bienfaits ? L'*homo festivus* de Philippe Muray[2] peut-il comprendre de quoi il s'agit en matière

1. Justin de Naplouse, *Apologie pour les chrétiens*, in *Premiers écrits chrétiens*, Gallimard, coll. « Pléiade », Paris, 2016, p. 390.
2. Philippe Muray, *Festivus, festivus*, Flammarion, coll. « Champs Essais », Paris, 2010. Alexandre de Vitry permet de prendre une vue d'ensemble de l'œuvre de Muray, *L'invention de Philippe Muray*, Carnets Nord, Paris, 2011, toutefois sans distance critique. On n'est pas tenu d'adhérer à la férocité de Muray sur le monde moderne pour apprécier un diagnostic qui oblige à la réflexion.

religieuse ? N'est-il pas incapable, voire aliéné faute de cette disposition à l'ouverture pour un monde qui passe l'immédiat, tout en l'habitant ? C'est admettre aussi qu'une telle ouverture ne va sans doute plus de soi. Non seulement il faudrait pouvoir fissurer les murailles dans lesquelles s'enferme le « boutiquier gras » qu'évoque Saint-Exupéry dans *Citadelle*, mais il faudrait aussi *initier* ceux qui commencent à aspirer à sortir de l'enfermement dans les consommations déréglées (argent, sexe, affairisme, amusements, insouciances dans un monde repu ou satisfait de soi...). Le christianisme, religion seconde on l'a dit, suppose qu'on s'y introduise ; il ne va pas de soi et, à la différence de l'islam, il ne suffit ni de répéter une formule d'adhésion, ni d'obéir à une loi, mais de s'ouvrir à la Présence discrète d'une Personne, dissimulée au cœur de l'existence. Voilà aussi pourquoi l'Église catholique demande, comme elle l'a toujours fait, une longue préparation « initiatique » avant d'accepter en son sein un nouveau membre : exigence qu'on peut estimer excessive, qui retarde sans doute ces conversions rapides que connaissent les Églises pentecôtistes, mais qui suppose la maturation d'une réponse personnelle réfléchie et l'entrée dans une longue tradition de témoins pour y trouver sa place.

Le tumulte ecclésial

Si Dieu ne s'entend que dans le silence, l'Église en tant qu'institution fait grand bruit. Au point d'obturer l'écoute de son message. Certes, on l'a dit, il n'est pas de religion sans communauté organisée et structurée, donc sans cette institutionnalisation qui évite, autant que faire se peut, l'emprise d'un *leader* soi-disant charismatique. Mais chacun sait aussi à quel point la lourdeur d'une institution peut étouffer sa vocation essentielle, à savoir proposer à l'humanité le message évangélique libérateur – libérateur de nos peurs, de nos lourdeurs, de nos désespoirs, de nos lâchetés… – pour ouvrir à un au-delà de l'immédiat. Et c'est encore plus vrai pour une institution historiquement chargée, dont le passé pèse sur nos mémoires – poids, souvent ou parfois, surchargé de préjugés, de jugements tout faits, de noirceurs qui effacent les engagements positifs. Ne risque-t-on pas de minimiser les initiatives de chrétiens en matière intellectuelle (fondation des universités au Moyen Âge), dans le monde hospitalier (ouverture d'hôpitaux, d'« hôtels-Dieu », présence et travail discrets de religieuses, de fidèles, auprès des plus pauvres), dans les audaces missionnaires dont on oublie à quel point elles furent fécondes en œuvres de valorisation des langues indigènes (dictionnaires, grammaires, transcriptions de traditions orales), donc des cultures rencontrées, pour ne citer que cet exemple ? Une certaine propagande des « Lumières », ainsi bien mal nommées, a obscurci ces héritages pour ne retenir que les noirceurs bien réelles du passé, voire du présent, ainsi des abus sexuels ou des emprises aliénantes qui discréditent en effet une Église coupable d'avoir ignoré en son sein de tels crimes. Comme toujours, la lecture du passé est complexe, car nous n'abordons les temps anciens qu'avec nos grilles d'interprétation, et celles-ci de nos jours ont tendance à privilégier les turpitudes, à ne voir dans le passé que ce que certains Québécois appellent « la grande noirceur » ! Et il est certain qu'en beaucoup de cas, l'évangélisation des autochtones a entraîné l'ébranlement, voire la dévastation de leur culture ancestrale. Comment porter dès lors un regard juste sans anachronisme sur un passé équivoque ? Ou encore, comment se défaire de préjugés qui aboutissent à accorder à l'institution un poids et une importance excessive, au point qu'elle fasse barrage à ce qu'elle porte d'essentiel ? À remarquer d'ailleurs que ce goût pour la noirceur concerne aussi le passé de la nation, celui de l'Europe ou celui de notre civilisation, ni plus ni moins pire que d'autres.

Mais la lecture du présent n'est pas moins complexe, peut-être plus encore que celle du passé. En effet, nous n'avons pas cette distance qui nous permettrait de voir de haut et de loin, de se donner des perspectives, donc de pondérer les faits et de les hiérarchiser. Dans l'immédiat contemporain, nous sommes submergés par les informations multiples et contradictoires, mais aussi par les émotions qui nous envahissent devant des événements tragiques trop longtemps méconnus ou minimisés. L'opinion ambiante et dominante donne une place incontestée à toute victime : il est ainsi difficile, voire impossible, d'apprécier avec justesse les réalités ainsi dénoncées. Dès lors, comment faire le partage entre culpabilisation accablante et justice du regard et du comportement ? Comment même assumer une « dette » pour des crimes qui semblent ne pas pouvoir trouver d'équivalents « monétaires » ?

Il faut sans doute relativiser l'importance de l'institution, sans pour autant minimiser ses aveuglements et ses lâchetés ; elle importe, on l'a assez dit dans les pages précédentes, mais ce n'est pas elle qui doit primer. Elle n'est qu'un « sacrement », le signe d'une réalité qui la dépasse de toutes parts, et même si ses ministres, ou les fidèles eux-mêmes, ont tendance à se surévaluer, il faut insister, contrairement à ce que prétend une tradition néfaste, sur l'idée qu'elle n'est pas en elle-même une « société parfaite ». Elle est sainte par l'Esprit qui l'anime, elle ne l'est pas par ses membres qui ne constituent en aucune façon un club de gens distingués et déjà

« saints ». Un regard trop fasciné par l'institution et ses petitesses obture une juste vision des choses, et peut même servir d'alibi pour ne pas entendre un message en effet dérangeant à l'égard de nos aises et de nos certitudes confortables. Mais, de fait, l'Église catholique est un « bouc émissaire » presque parfait, contre lequel on peut s'acharner sans trop de risques.

Or, si l'institution est nécessaire, elle n'est qu'une médiation, et comme toute médiation elle peut transmettre ou défigurer, trahir et obturer le message à transmettre. C'est pourquoi une trop grande fascination pour l'Église et ses bassesses peut devenir prétexte à ne pas entendre l'essentiel, voire à se donner bonne conscience. Certains se croient justifiés à abandonner l'institution, parce qu'elle n'est pas à la hauteur de leurs attentes, comme si ne pouvaient en faire partie que les purs ou les vrais, dont ils s'estiment par conséquent faire partie. Mais n'est-ce pas se surestimer soi-même, puisqu'on se juge alors trop authentique pour prendre rang parmi ces « pécheurs » ou ces « traîtres » à la cause, qui restent solidaires d'une organisation peu reluisante ? Or, l'Église est un ramassis de pécheurs, qui se savent appelés à un idéal (« soyez saints comme Dieu est saint ») dont ils sont incapables mais qui donne sens et dynamisme à leur existence. Elle n'est pas un club de prédestinés, d'élus en tous points impeccables, mais au contraire une communauté de gens qui comptent sur l'Esprit de Dieu pour se convertir, donc pour aller de l'avant et ne pas se contenter des satisfactions grégaires de troupeaux endormis. En faire partie, c'est reconnaître sa petitesse, mais aussi que cette petitesse est le lieu d'où l'on est appelé à grandir. Dès lors, comment ne pas se solidariser avec un ensemble qui se confesse lui-même imparfait, voire indigne du message qui l'habite ?

Communion de vérités parcellaires

Admettre la juste place, limitée, de l'institution Église, c'est aussi admettre qu'elle n'est qu'un levain dans la pâte. Affirmation de grand poids à une époque où la sécularisation dominante semble réduire comme peau de chagrin le nombre des chrétiens, au moins en Occident. Que ceux-ci se découvrent « minoritaires », c'est certainement constatable en ce qui concerne la pratique religieuse, mais sans doute beaucoup moins au niveau de l'imprégnation culturelle du christianisme dans nos systèmes de valeurs (fraternité, solidarité, égalité entre sexes, liberté envers la soumission à la Loi au nom de la conscience morale...) et du sens de la dignité de tout être humain. Mais ce constat peut porter à favoriser une contre-culture, à s'enfermer dans l'entre-soi, dans un ghetto catholique. Ou tout au contraire à admettre que les paroles de conviction sont toujours et partout minoritaires parce qu'elles vont à contre-courant des pesanteurs sociales et des affaissements culturels. Notre actualité apporte une illustration presque parfaite de cette situation : ne pas hurler avec les loups en matière de repli sur soi (immigration, individualisme jouisseur, nationalisme populiste…) ou en scandant des slogans bien connus (« mon corps m'appartient », banalisation de la sexualité[1]) peut coûter cher, ou entretenir l'impression douloureuse de prêcher dans le désert.

Pourtant, c'est sans doute rendre un service éminent à la société que de rappeler sans cesse certaines valeurs fondamentales sans lesquelles le lien ou le contrat social se défont peu à peu. On a pu

1. Exemple frappant de banalisation de la sexualité avec le livre auto-justificatif, sous des dehors érudits, de Geoffroy de LAGASNERIE, *Le corps, ce désir, cette loi. Réflexions sur la politique de la sexualité* (Fayard, Paris, 2021), opposé aux procès pour abus ou crimes sexuels, sous prétexte que la sexualité est une pratique « banale » (p. 91), rebelle à toute normativité unifiante ; notre « exceptionnalisme sexuel » (p. 32) empêcherait de « permettre de multiplier les possibilités de plaisir ». En fait, il s'agit d'un plaidoyer pour l'homosexualité que revendique l'auteur pour lui-même (p. 97) dans la postérité de Michel Foucault et de la critique de l'État répressif – forcément répressif. Les abusés apprécieront.

accuser le pape François d'humanitarisme[1], et donc le soupçonner de fléchir devant les modes compatissantes de la sensibilité moderne, quand il parle des émigrés et déplore que la Méditerranée devienne un cimetière ; pourtant, il ne fait que rappeler ce devoir d'hospitalité qui est une référence fondamentale de toute société digne de ce nom. Loin de plier devant les lamentations post-modernes, il s'appuie sur les longues traditions qui habitaient déjà Abraham lui-même, loué dans la Bible pour avoir ouvert sa tente à des voyageurs de passage, qui étaient en fait des anges, donc des envoyés de Dieu[2]. Comme toujours, ces traditions doivent être conjuguées aux possibilités concrètes des États ou des personnes à recevoir dignement – ce que François ne manque pas de rappeler aussi ; mais devant l'égoïsme et la frilosité de nos sociétés, a-t-il tort d'insister sur l'accueil nécessaire ?

On reconnaîtra alors qu'il s'agit d'une vérité partielle : l'hospitalité n'est pas inconditionnelle, n'en déplaise à Jacques Derrida[3]. Elle est une exigence à honorer, mais encore doit-on la conjuguer avec d'autres vérités, elles-mêmes partielles, celles qui

1. Rémi Brague dans l'émission « Répliques » au début d'octobre 2021 sur France Culture.
2. Gn 18, 1-13, épisode dit de l'apparition de Mambré.
3. Jacques Derrida, Anne Dufourmantelle, *De l'hospitalité*, Calmann-Lévy, Paris, 1997.

consistent à recevoir dignement, donc en posant les conditions d'un accueil humain, ce dont vont juger les gouvernements particuliers. Une telle affirmation vaut d'ailleurs bien plus largement, sans pour autant alimenter le relativisme. La vérité est toujours plurielle ; elle ne se conjugue pas au singulier, car la Vérité avec une majuscule est toujours plus grande et plus vaste que nos perspectives ou nos appréhensions. C'est aussi vrai dans les sciences qu'en matière morale ou religieuse. En morale où tout principe essentiel doit être mesuré à ses conditions de réalisation effective, concrète, donc en tenant compte des circonstances, selon la grande tradition de la casuistique, si bien réintroduite dans les encycliques du pape François. En religion aussi où la communauté chrétienne tient à confesser un message essentiel sur Dieu, communion d'amour, donc Trinité, tout en sachant que son propos peut heurter la conception d'un Dieu dont l'unicité absolue exclut toute « composition ». Le reconnaître n'est pas renoncer à sa propre croyance : c'est la condition du dialogue et de l'ouverture aux vérités que l'autre peut aussi porter. C'est donc s'arracher au fanatisme, au dogmatisme exclusif, à l'affirmation péremptoire de détenir « la » Vérité, et éventuellement de vouloir l'imposer par la contrainte et la pression policière. Cette Vérité, la lumière divine elle-même, est toujours au-delà de nos prises.

L'admettre, c'est précisément confesser la Vérité ! Donc se reconnaître petit devant elle, et appelé à la chercher toujours et encore.

Admettre les limites de son point de vue et de ses perspectives n'a rien à voir avec le relativisme ou avec l'abandon d'une vérification ; cela ne dispense pas d'une attestation réfléchie de ses convictions. Les savoirs partiels obligent même à chercher à les justifier, donc à rendre raison de son espérance, comme le demande l'apôtre Pierre[1]. C'est pourquoi on ne peut pas souscrire au fidéisme affiché par certains philosophes comme Jean-Luc Nancy, quand il exige « de ne pas permettre que la vérité se trouve en quelque façon elle-même vérifiée – accomplie, désignée, saturée », pour pouvoir « ouvrir et garder le "sens" en tant que passage et renvoi »[2]. Comment ne pas vérifier ses affirmations aussi bien dans la vie courante que dans les recherches scientifiques ? Comment oser assimiler ce travail difficile à une « saturation », puisque tout au contraire il s'agit de s'assurer qu'on ne se laisse pas aller au mensonge, à l'à-peu-près, à la légèreté du propos ? Comment ignorer qu'une telle exigence est la condition de

1. 1 P 3, 15.
2. Jean-Luc Nancy, *Noli me tangere. Essai sur la levée du corps*, Bayard, Paris, 2013, p. 61. Étrange livre où celui qui se revendique « athée » attache une attention si délicate à la Résurrection.

toute relation sociale qui ne peut se passer d'une référence à la vérité pour fonder la confiance en autrui ? Il ne faut pas confondre l'ouverture au sens avec la confusion ou le « renvoi » indéfini, qui est en fait refus d'un propos positif et assumé personnellement.

L'aveu de ses propres limites – et des justifications rationnelles qu'un tel aveu implique – conditionne d'ailleurs le rapport à l'autre, notamment à l'altérité des confessions religieuses. Ouverture sans doute plus aisée à l'intérieur des traditions chrétiennes, par exemple avec les diverses Églises réformées ou luthériennes (et l'on parlera alors d'œcuménisme)[1], plus difficile et délicate avec des religions plus éloignées de ces références communes, comme les islams, l'hindouisme ou le bouddhisme (pour autant qu'il est une religion). Les islams s'inscrivent pourtant dans la ligne des monothéismes, mais ils récusent comme trafiqués et falsifiés les textes de la Bible juive et chrétienne, ce qui rend la discussion difficile, voire impossible, les bases communes de référence faisant défaut. Car sous des références apparemment identiques, comme celles qui sont faites à Adam ou à Abraham,

1. Encore qu'avec les mouvements pentecôtistes qui professent une théologie menaçante à partir du péché et d'un Dieu vengeur, la discussion soit pratiquement vaine. Leur fanatisme ne semble guère favorable au débat, pas plus que leur théologie perverse.

ce sont des conceptions tout à fait différentes, voire opposées, qui se dissimulent. Cela ne signifie pas qu'un travail de compréhension réciproque ne soit pas possible, mais il est certainement plein d'obstacles et les résultats peuvent apparaître tout à fait décevants, tant l'islam se révèle réticent à des discussions scientifiques sérieuses[1].

Sans verser pour autant dans le « multiculturalisme », bête noire de certains polémistes, on ne peut que prendre acte de l'extrême diversité des références ultimes (ou de leur absence) dans les sociétés modernes occidentales. Cela ne signifie pas qu'on s'abandonne au relativisme et à la banalisation des convictions des uns et des autres. Cet état de fait pousse plutôt, d'un côté à rendre compte pour soi-même d'abord de ce à quoi on tient existentiellement, et d'un autre à tenter de comprendre les raisons adverses. Tout en avouant que ce travail de compréhension ne va nullement de soi : comment comprendre, et donc, d'une certaine façon, admettre la vision du monde des talibans ou de Daech, en réalité avaliser une barbarie qu'on croyait disparue depuis longtemps, en tout cas inavouable bien qu'elle se donne comme une

1. De bonnes mises au point sur le « dialogue interreligieux » (non sur l'œcuménisme) chez Anne-Sophie Lamine, *La cohabitation des dieux. Pluralité religieuse et laïcité*, PUF, Paris, 2004.

fidélité sans faille à l'islam ? Sans doute s'agit-il là d'une limite insurmontable à la compréhension mutuelle et au prétendu « dialogue des cultures », mais aussi d'une limite des positions du philosophe Habermas visant à ce que le dialogue social et politique aboutisse à une forme d'unanimité des vues. Or, il y a de l'inacceptable, des refus d'entrer dans un jeu qui devient pervers et irrationnel s'il s'agit d'accepter l'inconditionnellement indéfendable. Après tout, un croyant s'étonnera sans doute moins qu'un autre que la violence maléfique puisse s'emparer de certains esprits sous la couleur trompeuse d'anges de (fausses) lumières. Même Jésus s'est heurté à des oppositions radicales, et lui-même s'est situé fermement, voire violemment, contre certains docteurs de la Loi ou ceux qu'il appelle des « pharisiens » ! Or, le disciple n'est pas plus grand que le Maître, et le Maître ne semble pas avoir mené (ou avoir pu mener) un dialogue fructueux et efficace avec des adversaires décidés à l'éliminer. Admettre un irrationnel insurmontable, donc une incommunication fondamentale en certains cas, voilà qui nous éloigne des optimismes rationalistes excessifs (nos Lumières) et qui fait prendre conscience de ce mal radical qui tourmentait Emmanuel Kant et qu'aucune discussion, même conduite selon toutes les règles de l'art, ne surmontera sans doute jamais.

Fraternité et témoignage religieux

Cette disparité des convictions ultimes qui caractérise une société moderne se laisse deviner même là où l'unanimisme religieux paraît dominer, ainsi dans les sociétés arabo-musulmanes souvent déchirées par de violents conflits sous les apparences du conformisme social. Cet état de fait n'appelle pas au « choc des civilisations », il n'implique pas non plus qu'on valorise les oppositions ou qu'on joue le jeu du conflit systématique, il ne suppose pas cette « guerre des dieux » dont parlait Max Weber. Tout au contraire, une religion qui croit à un Dieu Père de tous a un rôle apparemment contre-productif dans ce contexte, rôle qui consiste à prêcher la fraternité. Cette valeur à laquelle la République française s'est tardivement ralliée est incontestablement d'origine chrétienne. Elle en appelle à l'idée que tout être humain est voulu et aimé par un Dieu créateur et rédempteur, par celui que Jésus nous demande d'appeler « Abba », « Père ». Car toute fraternité présuppose une origine commune, un foyer de vie qui, dans l'histoire humaine, prend nom de père et de mère. Affirmer Dieu comme Père n'est pas le ranger dans un « genre », mais c'est, avec des mots déficients, désigner la Source de toute vie, et pas seulement la vie humaine, mais de toute créature quelle qu'elle soit…

Cette affirmation a une immense portée dans un monde où les heurts, les divisions, les incompréhensions semblent dominer les esprits, mais il s'agit aussi d'un monde où une bénéfique diversité des cultures fait barrage à une mondialisation niveleuse, sans doute plus superficielle qu'on ne croit ou que les alarmistes ne le prétendent. Ici encore, la parole du pape François dans l'encyclique *Fratelli tutti* (octobre 2020) fait preuve de pénétration et d'audace, puisque son propos va à contre-courant des tristes réalités des guerres et conflits de toutes sortes qui maculent l'actualité mondiale. Malgré ses remarques louangeuses sur la rencontre entre François d'Assise et le sultan Malik-el-Kamil au tout début de son texte (rencontre qui en réalité fut plutôt un échec) et sa propre visite au grand imam Ahmed Al-Tayyeb, il prend en fait à rebrousse-poil les religions qui enferment leurs adeptes dans une « Oumma » exclusive, récusant ainsi les non-adhérents en les identifiant à des « mécréants », à des « infidèles », les excluant en conséquence de la commune humanité, hors de ce que François appelle « la maison commune ».

Et d'un autre côté, comment ne pas voir à quel point l'appel à la fraternité s'oppose aux nationalismes ou aux populismes qui replient les États sur eux-mêmes et détruisent les fragiles rapports juridiques internationaux, lentement et difficilement mis en place après des guerres qui ont ravagé le monde au XXe siècle ? Peut-on ignorer aussi que « la foi seule » rend étrange l'idée même de fraternité, puisque cette formule instaure un face-à-face de la personne avec l'Absolu, dans l'oubli de toutes les médiations par lesquelles chacun pressent le Divin ? On peut parfois admirer ce rapport immédiat avec le divin, sans intermédiaires jugés encombrants ; le prix à payer, on l'oublie trop, est celui de la solitude et de la valorisation d'un face-à-face purement individuel.

Une religion suppose – ou devrait supposer – un lien fraternel avec les autres croyants, mais aussi avec la Création tout entière, une communauté de foi et de pratique, un engagement effectif par la charité avec tous, dans la ligne du Samaritain qui vient en aide à un inconnu dont la misère l'émeut et le mobilise concrètement. Et nous disons bien : « la Création tout entière », donc pas seulement l'humanité, mais, comme l'avait si bien montré François d'Assise, les animaux et la nature elle-même. Où l'on peut constater à quel point l'absence de valorisation d'une telle fraternité a précipité les générations actuelles dans les risques les plus grands concernant la survie de la planète. La non-fraternité déchire les hommes entre eux et dégrade leurs rapports à la nature végétale et animale, car « tout se tient » (encyclique *Laudato si'*).

On ne peut oublier toutefois que l'appel à la fraternité n'est pas une panacée, une garantie d'harmonie et de paix entre les hommes. L'Ancien Testament livre dès ses premières pages l'épisode sanglant qui oppose Caïn et Abel[1], deux frères dont l'un va tuer l'autre, et l'histoire de Rome relate la même tuerie avec Romus et Romulus ! Saint Augustin, dans *La Cité de Dieu*, discerne dans ces récits le type même des relations caractéristiques de l'histoire humaine : toute cité semble avoir commencé dans le sang versé entre frères, et l'on sait que l'anthropologue René Girard a fait de cette référence la clé (trop systématique) de son œuvre. L'expérience que peut faire chacun dans la vie familiale illustre trop bien cette vérité selon laquelle les haines les plus inexpiables sont les haines entre frères et sœurs, comme si, en ce domaine, aucun tiers médiateur et pacificateur ne pouvait intervenir. Aussi ne faut-il pas entretenir une vue idéaliste de la fraternité, et à ce titre on peut s'étonner que, dans *Fratellli tutti*, le pape François ne s'arrête pas sur le conflit qui oppose

1. Gn 4. Ce livre donne d'ailleurs bien d'autres inimitiés entre frères : ainsi, pour ne citer qu'elle, l'histoire de Joseph et de ses frères (Gn 37-40), comme si l'hostilité fraternelle était presque plus vive que l'affection…

Caïn et Abel[1]... En quoi nous retrouvons ici nos allusions antécédentes au mal radical, donc insurmontable à vues humaines.

Il faut en conclure que la violence peut surgir là même où l'on devrait s'attendre à rencontrer l'entente fraternelle. Un croyant s'étonnera-t-il dès lors que le Satan (autrement dit l'Obstacle à la rencontre) se tapisse dans les lieux où paix et fraternité, entente et compréhension mutuelle, devraient dominer ? L'Église elle-même, comme on le voit avec les abus sexuels et les emprises psychologiques, n'est donc nullement à l'abri de ces redoutables pratiques, ce qui exige donc, non pas la quiétude insouciante, ni la résignation découragée, mais, comme le demandent les Évangiles avec une insistance peu soulignée, une vigilance de tous les instants pour ne pas succomber à un sommeil coupable, ouvrant la voie aux dérives les plus graves (péchés). Et quand on cite « l'Église », le danger est grand encore d'extérioriser ou, comme on dit, d'« essentialiser » une telle violence, comme si seule l'institution était porteuse de cette violence tapie en son sein. Chacun de nous, s'il est un tant

1. Brève allusion toutefois au paragraphe 57, mais sans en tirer de conséquences. Signe d'un optimisme excessif de l'encyclique ? On le retrouve aussi quand le souverain pontife affirme que « les religions [sont] au service de la fraternité dans le monde » (titre du chapitre VIII). On le souhaiterait, en effet.

soit peu lucide, doit admettre qu'il porte en lui le pire, s'il ne veille pas à une maîtrise de ses pulsions, donc à se soumettre à des interdits qui permettent d'accéder à une humanité éduquée, mais jamais totalement « civilisée ».

On comprend dès lors aussi pourquoi l'Église catholique se soit donné un droit canonique, ce qui en révolte certains, et ce qui resterait même « un tabou » dans l'Église ; elle resterait même marquée par un « antijuridisme[1] » tenace et une passivité de la part des églises particulières à intégrer les changements opérés progressivement par le Saint-Siège sur ce code. On peut concevoir les réticences : comment en effet introduire du droit, donc du juridique, des lois et des sanctions, en conséquence aussi des tribunaux, là où devraient régner la fraternité, l'entente et la compréhension mutuelle, des liens purement spirituels, l'amour pur et la charité parfaite ? N'est-ce pas céder « au monde » que de se donner ainsi des codes, au mépris, semble-t-il, de la communion qui devrait régner entre des membres censés vivre selon la loi de charité et de

1. Louis-Léon Christians, professeur de droit canonique à l'Université catholique de Louvain, dans *Le Monde* du 20 octobre 2021, parle d'« une délégitimation théologique croissante du droit canon, déprécié ou incompris face à la priorité du spirituel sur la juridiction [...], du pardon sur la sanction et de la communion fraternelle sur le formalisme juridique ».

liberté ? Il est certain que bien des communautés dites « nouvelles » ont cru pouvoir se dispenser de telles normes juridiques au nom d'un renouveau évangélique favorisant la pure union des cœurs et des esprits, ou selon l'idée d'un illusoire retour à une Église primitive qui n'eût point connu cette « juridicisation » des rapports entre croyants[1]. On connaît maintenant à quel point ces spiritualisations naïves ont été le lieu des envoûtements les plus subtils et les plus pernicieux.

En fait, la simple sagesse[2], celle qui ne se pare pas de titres hautement spirituels, conduit à se donner des pare-feu contre une violence toujours latente, et peut-être surtout là où l'on pense que règnent l'amour pur et la transparence des volontés. Les lois sont sans doute toujours imparfaites, elles aussi, ou incomplètes, ce qu'a révélé le rapport de la CIASE, la Commission indépendante sur les abus sexuels dans l'Église, en octobre 2021. Ce rapport reproche en effet au droit canon actuellement en vigueur de rester trop vague ou trop imprécis pour caractériser

1. Il suffit de lire dans les Actes des Apôtres l'épisode d'Ananias et de Séphira, dissimulant une part de leur fortune et foudroyés à mort sur-le-champ, pour sortir des illusions sur une Église primitive idéale et consensuelle (chapitre 5, 1-11).
2. Celle qu'on trouve par exemple dans les Proverbes, le Qohéleth et le Siracide, textes rejetés par les tenants de la « foi seule » pour être trop terre à terre… Or, le respect de l'élémentaire conditionne l'accès au plus haut.

et dénoncer certains crimes comme la prostitution ou le viol, en se contentant d'une catégorie trop vaste, celle du « péché contre la chasteté[1] ». Il n'en reste pas moins que, malgré des lacunes regrettables, ces textes canoniques garantissent un certain nombre de droits aux fidèles et prévoient des sanctions contre les contrevenants à ces droits. Ce faisant, le droit canon ne prétend pas éliminer les violences, pas plus que le droit civil ou l'ensemble des codes que se donnent les sociétés humaines, mais il sait que la fraternité est aussi à protéger des déviations ou des emprises toujours possibles, et peut-être d'autant plus possibles qu'on est dans le domaine des bons sentiments et de la générosité, de la spiritualité… Le pardon ou la miséricorde ne peuvent pas ignorer justice et réparation des torts, et ceux-ci ont même la priorité sur le pardon, car on ne peut pardonner une faute qu'à la condition qu'elle soit reconnue, donc désavouée par son auteur.

Au fond, la fraternité peut trouver un fondement heureux dans ce qu'on appelle la « communion des saints », déjà citée plus haut. Il ne s'agit pas là d'un dogme absurde ou d'un *wishfull thinking*.

1. Alors qu'on reproche souvent à l'Église catholique de se complaire à détailler les péchés avec des précisions obsessionnelles, le rapport s'étonne que le droit canon ne descende pas assez dans les énumérations des fautes contre la chasteté, et ne parle pas de viols, de prostitution, d'abus sexuels. Étrange et surprenant reproche…

Car, dans le domaine scientifique lui-même, une telle « communion » existe sous la forme des collaborations, des échanges, des partages d'expériences qui permettent d'avancer collectivement, les uns bénéficiant des travaux et des intuitions des autres[1]. Fraternité veut donc dire que nous sommes solidaires dans le bien comme dans le mal, et que la sainteté des uns peut rejaillir sur les autres, comme malheureusement leur perversité peut contaminer les autres. La pandémie du coronavirus que nous avons vécue à partir de 2019 montre assez bien la solidarité dans le mal (extension fulgurante de l'épidémie à partir d'une souche isolée) comme dans le bien (découverte étonnamment rapide de vaccins). Mais de leur côté, les infox (*fake news*) montrent aussi que le mensonge corrode l'idée de vérité et, finalement, met à mal la confiance que nous devons avoir les uns envers les autres, ou entre nations. Où nous voyons aussi à quel point la Vérité fédère, rapproche les êtres entre eux et les rend libres, comme le dit l'apôtre Jean. Mais la vérité, on l'a assez répété, se conquiert, se vérifie, se cherche loin du

1. Bertrand Saint-Sernin a particulièrement insisté sur la nécessité d'un travail collectif dans les sciences modernes : « Le seul modèle dont nous disposions pour penser un tel événement, sans précédent dans les sciences, ne concerne pas l'activité rationnelle, mais la foi religieuse : il s'agit de l'idée de "communion des saints" », in *Le rationalisme qui vient*, Gallimard, Paris, 2007, p. 236.

fantasme de la saturation qui serait renoncement et lâcheté, et qui obsède à l'excès certains philosophes.

D'un point de vue religieux, la communion des saints ouvre le croyant à une vaste socialité qui dépasse le champ du visible et lui donne un appui sur des figures qui l'incitent à une vie plus haute. Il peut se dire incapable de prier – sachant, comme l'affirme saint Paul, qu'en réalité nous ne savons pas prier – et en même temps se laisser porter par la louange des autres ; et par là même, dans sa passivité, il compte sur la solidarité de tous... Ici encore, la spiritualité de la foi seule ne conduit guère à compter sur cette solidarité universelle (catholique). Solidarité qui arrache à la solitude, au désarroi, à l'angoisse, à l'impuissance devant Dieu ! On n'est jamais seul, mais toujours entouré et porté ! Même du fond de la détresse, on peut se savoir porté par une foule invisible soudée dans la louange et l'action de grâce. Nul, peut-être, ne l'a mieux évoqué que Dante au chant X de son *Paradis,* quand il écrit : « Reste à présent, lecteur, sur ton banc en pensant à ce dont tu as l'avant-goût, si tu veux une joie qui surpasse ta peine[1]. »

---

1. DANTE, *La divine comédie. Le paradis,* chant X, Flammarion, Paris, 2004, p. 99.

Religion de l'ordinaire

Max Weber croyait honorer les croyants quand quand il rangeait la foi religieuse du côté de l'héroïcité, de l'exceptionnalité athlétique. Et en effet, des courants comme le jansénisme ont marqué l'histoire française par un rigorisme qui n'a pas peu contribué au discrédit du catholicisme, identifié à une religion inhumaine et dure, hostile à l'humanité même. Ou encore, des hommes comme Armand Jean Le Bouthillier de Rancé (1626-1700), réformateur de l'abbaye cistercienne de la Trappe, prônant la stricte observance, ont sans doute aidé à des réformes nécessaires, donc à des redressements des disciplines monastiques négligées ou non observées. Mais ils ont contribué aussi et surtout à identifier la vie chrétienne à une vie faite d'ascèses, de refus du quotidien ordinaire et de ses joies simples. Ils s'inscrivaient, peut-être sans le savoir, dans une malheureuse tradition de refus du corps qu'on trouve aussi chez des Pères de l'Église pourtant tout à fait respectables comme saint Ambroise, l'archevêque de Milan qui a tant contribué à la conversion de saint Augustin. Ne dit-il pas, dans son *Homélie pour la mort de son frère Saturus*: « Soyons étrangers au corps pour ne pas être étrangers au Christ. Si nous sommes dans le corps, ne suivons pas ce qui vient du corps; n'abandonnons pas les droits de la nature, mais préférons les dons de la grâce[1] » ? On pensait que, tout au contraire, le Verbe s'étant incarné dans un corps « né de la femme », on était d'autant plus proche du Christ qu'on assumait son propre corps, ou que le fuir et le mépriser serait s'éloigner de Celui qui s'est fait homme ordinaire. Et d'ailleurs, le même Christ enseigne que ce n'est pas le corps charnel qui est source du péché, mais le « cœur », c'est-à-dire l'intériorité, la volonté, le désir désordonné, donc plutôt l'âme.

Il faut reconnaître, une fois de plus, qu'il est plusieurs tendances, écoles et spiritualités à l'intérieur d'une même grande Église, et que chacune de ces orientations, à sa façon parfois excessive, manifeste un aspect de l'Indicible, donc du Christ lui-même. On voit bien qu'on peut insister sur la Croix, le sacrifice, l'abnégation dans la ligne de ceux qu'on vient d'évoquer. Mais on peut rappeler aussi une antique attitude, tout à fait primitive, celle de l'*Épître à Diognète* qui date sans doute de la fin du Ier siècle de notre ère. L'auteur de ce texte magnifique explique que le chrétien ne se distingue en rien de ses contemporains par le costume, les manières de vivre, l'alimentation, la fidélité aux lois

1. Ce texte est proposé à la lecture dans *Prière de toutes les heures* (anciennement nommé « le bréviaire ») pour la Commémoraison des défunts, le 2 novembre.

de la cité, mais qu'il est « l'âme du monde », ce qui n'est pas peu. On peut interpréter cette sentence, apparemment prétentieuse, comme caractérisant celui qui ne se distingue que par le souffle qui l'anime, par l'ardeur qu'il met à vivre la vie commune, par le souci qui l'habite de donner sens à l'existence commune. En rien par l'habit ou par une alimentation qui le sépare des autres sous prétexte de se soumettre à la Loi divine, en rien non plus par une vie ascétique et une discipline rigoureuse qui risque bien d'aboutir à une caricature repoussante dc la religion.

Cette belle perspective se retrouve d'ailleurs chez Madeleine Delbrêl (1904-1964) qui, devenue chrétienne après avoir été « athée », a su chanter « la sainteté des gens ordinaires[1] » ; « ce sont, dit-elle, des gens qui font un travail ordinaire, qui ont un foyer ordinaire ou sont des célibataires ordinaires ». Et en effet, l'Évangile n'arrache pas à la condition commune, mais demande de la vivre d'une certaine manière : il ne s'agit pas de poser des actes héroïques, mais de savoir assumer la vie telle qu'elle vient, dans ses grandeurs comme dans ses petitesses, dans ses pages heureuses comme dans les heures tragiques. Nous retrouvons là l'indifférence

1. Madeleine Delbrêl, *Œuvres complètes*, t. 7, Nouvelle Cité, Bruyère-le-Châtel, 2009.

ignacienne, plus héroïque qu'on ne pense, car elle n'autorise aucune évasion, mais exige de savoir assumer le temps présent tel qu'il se donne.

On ne doit pas voir là une soumission vicieuse au « monde », une manière de cacher son drapeau, une façon de disparaître pour ne pas gêner. Certes, on peut toujours préférer un affichage visible, et personne n'échappe aux sacrifices difficiles qu'impose la vie la plus ordinaire (maladies, deuils, échecs, solitude, difficiles fidélités...). Mais on ne manque pas non plus de s'inscrire dans une ligne qui a ses lettres de noblesse, quand, comme Madeleine Delbrêl, on assume le poids des travaux et des jours... La Bible, tant juive que chrétienne, appelle à la *sainteté*: soyez saints comme Dieu est saint, selon un leitmotiv déjà présent dans le Livre du Lévitique. Mais la sainteté visée passe par l'assomption de la vie quotidienne, de ses beautés et de ses exigences parfois lourdes. Que certains puissent être appelés à une vie héroïque, voilà qui ne se décide pas, mais qui peut arriver en certaines circonstances qu'il faut être prêt à affronter. Ce qui suppose vigilance et ouverture à l'Esprit, donc docilité à l'événement, docilité dont on risque de se dispenser dans une vie de discipline trop réglée, où la fidélité à la règle dispense de s'ouvrir à Celui qui vient. Ici encore, la lettre enferme loin de l'esprit. Les moines de Tibhirine n'ont pas choisi le martyre; ils l'ont assumé, mais toute une vie de fidélité à leurs règles les avait préparés au sacrifice suprême. La vie ordinaire prépare à l'extraordinaire.

Conclusion

Le phénomène religieux comme tel n'a nullement disparu ; il fait plutôt l'objet d'une actualité inquiétante. On pourrait dire, en revanche, que c'est la foi qui est ébranlée, mise en cause de toutes parts, fragilisée par les incertitudes du moment et par les doutes qui viennent justement des violences fomentées par les religions, plus sans doute que par des contestations ou des critiques en provenance des sciences, comme ce fut le cas dans les siècles passés. Et en effet, la raison scientifique ne se proclame plus guère triomphante, on en a découvert les limites, voire les dangers recélés par les techniques modernes (nucléaire, numérique, génétique, cybernétique...). Il en va d'ailleurs de même de la raison en général que rongent le relativisme et même le nihilisme. La raison pratique qui doit ou devrait ordonner nos conduites vacille aussi sous le coup de l'individualisme qui ruine l'idée même de bien commun et délégitime la référence à une vie en quête de vertu (ce simple énoncé classe qui le tient du côté des réactionnaires aveugles). Cet ébranlement de la raison est si inquiétant que deux papes, Jean-Paul II[1] et Benoît XVI[2], ont cru bon de consacrer des encycliques importantes à défendre le pouvoir de la raison, s'inquiétant de son effondrement. Étrange encouragement alors que toute une propagande antireligieuse insistait sur l'hostilité (prétendue) du catholicisme envers ladite raison… Ce sont des papes qui, de nos jours, encouragent la raison à ne pas trop douter de ses pouvoirs, et des philosophes qui veulent la « déconstruire » !

Fragilité de la foi, donc. Mais fragilité qui ne touche pas seulement la sphère religieuse. Fragilité qui se manifeste quand on s'interroge : « Qui est Dieu ? Quel rapport avec lui ? Peut-on même en avoir un, et sous quelles formes ? » Elle concerne aussi la foi en autrui, en un mot la confiance. La mise en cause de l'idée même de vérité a, de fait,

1. *Fides et ratio* du 14 septembre 1998 : « Il est illusoire de penser que la foi, face à une raison faible, puisse avoir une force plus grande ; au contraire, elle tombe dans le grand danger d'être réduite à un mythe ou à une superstition. De la même manière, une raison qui n'a plus une foi adulte en face d'elle n'est pas incitée à s'intéresser à la nouveauté et à la radicalité de l'être » (§ 48).

2. *Caritas in Veritate* du 29 juin 2009, *Spe salvi* du 30 novembre 2007, ou sa célèbre intervention à Ratisbonne du 12 septembre 2006, et même son allocution à Westminster en septembre 2009 : « Le monde de la raison et le monde de la foi, le monde de la rationalité séculière et le monde de la foi religieuse, ont besoin l'un de l'autre, et ne doivent pas être effrayés d'entrer dans un dialogue profond et continuel (*ongoing*) pour le bien de notre civilisation. »

des conséquences ravageuses, car les idées restent rarement « en l'air », dans le ciel de l'intellect ; elles ont des effets sur les mentalités, les comportements, les relations concrètes entre les hommes ; elles instillent le doute dans les rapports internationaux. Et c'est bien à tort que certains philosophes hâtifs ont cru trouver chez Nietzsche le négateur décidé du concept de vérité. Tout à l'inverse, il pensait qu'on se doit d'estimer la valeur d'une volonté à son aptitude à porter le poids de la vérité[1]. Car la vérité pèse, elle suppose une force de l'esprit pour être recherchée, discutée, affirmée et suivie... Le philosophe la voyait même dangereuse, tragique, redoutable, et de son côté Simone Weil la considérait comme ouvrant au « malheur », non à la joie naïve concernant la réalité de la condition humaine[2]. C'est sans doute pourquoi on est tenté de la fuir et de s'enfermer dans le mensonge ou l'à-peu-près. Il faut beaucoup de confiance, donc beaucoup de foi pour oser aller vers le vrai, aussi bien dans les relations entre sexes que dans les relations avec autrui ;

1. Friedrich Nietzsche : « Quelle somme de vérité *supporte* un esprit, quelle somme de vérité *ose*-t-il ? Tel est désormais l'étalon (*Wertmesser*) de mes mesures. » *La volonté de puissance*, IV, § 14 (*Werke in drei Bände*, III, Hanser Verlag, München, 1966, p. 814). La vérité a donc un *poids*.

2. Simone Weil, *L'amour de Dieu et le malheur*, *op. cit.*, p. 693-716.

il n'en faut pas moins dans les relations avec soi-même, et de fait le « connais-toi toi-même » socratique engage dans une épreuve que les découvertes de l'inconscient rendent encore plus redoutable. Au point même qu'on peut se demander si l'exercice n'est pas voué à l'échec : qui peut prétendre se connaître, vivre dans une totale transparence avec soi-même ? Ici encore, la foi est requise qui nous fait aller de l'avant malgré toutes les incertitudes et les interrogations qu'on peut porter sur soi-même et sur les autres, malgré les obscurités que chacun pressent en soi ou celles que recèlent les réalités les plus quotidiennes.

C'est dire que la foi ne relève pas du registre de la certitude : si l'on a des raisons de faire confiance (la vraie foi n'est ni aveugle ni naïve), on a aussi de bonnes raisons d'admettre les limites d'une telle confiance. Mais, pour parler comme saint Paul, c'est sans doute dans cette faiblesse que la foi trouve sa force. Car elle suppose qu'on s'engage sur du raisonnable qui n'est jamais parfaite certitude. Vérité des relations humaines, vérité dans la recherche de Dieu, vérité universelle. On ne doit donc pas s'effrayer d'une telle fragilité, car elle fait corps avec notre condition d'êtres finis, ou alors, à chercher à éliminer à tout prix une telle fragilité, on verse dans le fanatisme, véritable trahison envers la vérité et envers autrui à qui on veut imposer ce qu'on tient pour vrai. Mais c'est aussi pourquoi la foi fragile a besoin de s'inscrire dans une religion qui, par ses rites, ses Écritures, le témoignage de ses saints et la communauté des croyants, apporte un soutien nécessaire pour « prendre le large », et ne pas rester frileux, clos sur soi, crispé sur ses pauvres certitudes. Loin d'être une assurance tous risques, une authentique religion donne le courage d'aller de l'avant, à l'imitation de tant d'autres qui ont su faire de leur fragilité une force pour entreprendre, inventer, créer. À l'image de Celui que professe la Religion : Dieu créateur qui appelle ses créatures à créer à son image… C'est pourquoi, à l'inverse du conformisme dédaigneux ou méfiant, il faut, de manière « intempestive », faire l'éloge de la religion, de cette réalité complexe qui peut porter l'humanité à se construire, à faire face, à ne pas baisser les bras devant la présence multiforme et toujours vivace du mal et de la violence.

Table

Achevé d'imprimer en août 2022
sur les presses de
La Manufacture - Imprimeur – 52200 Langres

Tél. : (33) 325 845 892

N° imprimeur 220718 - Dépôt légal : septembre 2022
Imprimé en France

CET OUVRAGE A ÉTÉ COMPOSÉ
PAR ATLANT'COMMUNICATION
AU BERNARD (VENDÉE).